Lö 721.

# INSURRECTION

## DU 23 JUIN

### AVEC SES CAUSES, SON CARACTÈRE ET SES SUITES,

## EXPLIQUÉE

### PAR LA MARCHE ET LES FAUTES

#### DE LA

## RÉVOLUTION DU 24 FÉVRIER,

PAR

## LE CITOYEN CABET,

Ancien Député, ancien Procureur-général.

---

Prix : **50** Centimes.

---

## PARIS,

## AU BUREAU DU POPULAIRE,

**18, rue J.-J.-Rousseau,**

ET CHEZ TOUS LES LIBRAIRES.

**DÉPARTEMENS.**

Chez tous les Correspondans du *Populaire*.

—

**1848**

# INSURRECTION
## DU 23 JUIN.

### Silence forcé. — Désolation.

Nous ne voulons pas irriter les passions, et par conséquent il nous est impossible de dire toute la vérité.

Nous avons d'ailleurs l'âme trop désolée, trop oppressée par la douleur pour que nous puissions nous expliquer librement aujourd'hui.

De quelque côté que soient les torts, les excès, les souffrances, nous en sommes navré.

Folie ou crime, c'est toujours un malheur que nous déplorons pour la Patrie et pour l'Humanité.

Et loin de vouloir envenimer le mal, nous voudrions pouvoir, même au prix de notre vie, trouver le moyen d'y remédier.

### Horrible situation.

C'est la misère pesant sur toutes les classes, sur le fabricant et le négociant comme sur l'ouvrier, qui a déterminé la Révolution de février.

Après la victoire, le Peuple s'est montré généreux et humain.

Il ne demandait que la justice et l'ordre, ses droits en respectant ceux des autres, d'abord du travail et du pain, puis des améliorations successives en conciliant tous les intérêts, puis le bien-être en travaillant, sans oppression, ni spoliation, ni exploitation pour personne.

Qu'il était facile alors de consolider la République en la faisant aimer !

Mais l'inexpérience, l'incapacité, la faiblesse, l'hésitation, le défaut de cœur et d'amour dans de téméraires et ambitieux gouvernans ont tout perdu ou tout compromis.

Et voici les partis reformés, les passions allumées, la confusion et le chaos, la discorde et la guerre !

Nous voici lancés dans toutes les horreurs de la guerre civile par une insurrection née de la faim et du désespoir!

Peut-être 250,000 soldats contre 20,000 ouvriers ! D'effroyables fusillades et d'effroyables canonnades, comme dans une grande bataille !...

Même un bombardement !

Et ce sont des Francais contre des Français, des frères contre des frères !...

Et le sang coule à flots des deux côtés !

Quel courage perdu dont la France aurait pu se glorifier !

Et après...? Si les travailleurs sont écrasés par le nombre, ceux qui survivront seront-ils plus contens ? La misère aura-t-elle disparu ? Les vainqueurs seront-ils tranquilles et heureux ?

Quel avenir, si l'étranger veut profiter de nos divisions !

En tuant tant d'hommes de courage, nous nous suicidons !

Hâtons-nous donc de diminuer le mal, au lieu de l'aggraver ; c'est évidemment l'intérêt de tous !

## Misère générale.

Comment le contester ? La misère est partout ; 100,000 ouvriers peut-être dans Paris ne travaillent plus depuis quatre mois, par conséquent ne gagnent plus rien et n'ont rien ! On ne conçoit vraiment pas comment le plus grand nombre peuvent vivre ! Ceux qui avaient quelques économies les épuisent ; la Caisse d'épargne a fait banqueroute à baucoup ; l'avenir est affreux pour tous ! Et les fabricans, les négocians, le petit commerce surtout, ne sont pas plus heureux !

## Ateliers nationaux.

Plus de 100,000 ouvriers font partie des ateliers nationaux à Paris ; mais leur salaire, considérable pour le trésor public, est insuffisant pour eux, surtout pour ceux qui ont de la famille ; les travaux qu'on leur a confiés ont été mal choisis, sont généralement inutiles et les dégoûtent par leur inutilité.

Puis on les a insultés, irrités, désespérés, en les traitant de fainéans et de voleurs, en les menaçant de dissolution et de dispersion s'ils refusaient de s'enrôler dans l'armée.

Quelques milliers étaient déjà partis sans trouver le travail qu'on leur avait promis ; beaucoup étaient revenus pour en prévenir leurs camarades ; d'autres milliers étaient désignés pour partir le 24 juin ; des demandes présentées par eux au Gouvernement le 22 n'ayaient pas été accueillies.

Et c'est dans cette situation qu'éclate l'insurrection du 23.

Et tout cela c'est la faute du Gouvernement depuis le 24 février, qui a mal organisé les ateliers nationaux, et qui a laissé dilapider les ressources financières de l'Etat.

## Intrigues des Prétendans.

Que les partis d'Henri V, de la Régence, de Napoléon, aidés plus ou moins par l'or étranger, aient cherché à exploiter la misère et le désespoir des travailleurs, c'est ce qui ne peut être douteux pour personne : l'argent trouvé sur plusieurs des insurgés, la présence d'anciens gardes municipaux aux barricades, les cris proférés souvent auparavant, plusieurs drapeaux blancs arborés et saisis, mille autres preuves, ne peuvent laisser aucun doute à cet égard.

Et si les manœuvres des prétendans et de l'étranger ont pu égarer une partie de ces malheureux Ouvriers, c'est encore la faute du Gouvernement provisoire et du Pouvoir qui l'a remplacé.

## Insurrection du 23 juin.

Ce n'est pas une émeute, mais une insurrection.

Dès le matin du vendredi 23, l'insurrection commence dans les faubourgs Saint-Jacques et Saint-Marceau, puis s'étend rapidement sur la moitié de Paris, comprenant toute la partie de l'est et du centre, les faubourgs Saint-Antoine, du Temple, Popincourt, Saint-Martin, Saint-Denis, Poissonnière et la Cité.

Elle paraît se diriger sur l'Hôtel-de-Ville et la Préfecture de police, pour marcher ensuite sur le palais Bourbon.

Partout s'élèvent d'innombrables et formidables barricades, et les insurgés s'emparent des maisons voisines pour attaquer et s'y défendre avec acharnement.

Mais, en s'enfermant ainsi, les insurgés ne pourront ni répandre leurs proclamations dans l'autre moitié de Paris, ni avoir aucune communication avec elle, ni en recevoir aucun secours.

## On laisse d'abord faire.

Jusqu'à 10 et 11 heures, l'insurrection ne rencontre aucun obstacle pour ses barricades : Pourquoi? Est-ce ignorance de la part du Pouvoir? Mais tant de négligence, tant d'incurie, une si grande faute, au milieu d'une situation si agitée, n'est pas possible, et pas croyable, ou serait inexcusable.

On a bien dit que quelques hommes du Pouvoir avaient laissé échapper ces mots : « Il faut en finir avec les Ouvriers ; il faut leur donner une leçon. » Si le fait était vrai, il indiquerait qu'on croyait la chose plus facile et la leçon moins coûteuse; mais quelle responsabilité envers les vainqueurs comme envers les vaincus !

Ce n'est que vers 10 et 11 heures que la générale ou le rappel se fait entendre partout pour réunir la Garde nationale, qui n'accourt généralement qu'en petit nombre, tandis que, dans plusieurs quartiers, elle reste immobile et que, dans les quartiers insurgés, elle prend plus ou moins part à l'insurrection.

### Le Public ne sait rien.

Cette insurrection éclate comme une bombe ; le public, même les hommes qui devraient être avertis et connaître, ne savent rien, ni la résolution, ni la force, ni le plan, ni le but.

Les insurgés font imprimer quelques proclamations dans le faubourg Saint-Antoine ; mais elles restent inconnues, sans d'ailleurs s'expliquer assez.

Ainsi, qui commence l'insurrection, sont-ce des ouvriers isolés ou les Ateliers nationaux en corps ? Combien sont à peu près les insurgés ? Ont-ils des armes, des munitions, du canon ? Que veulent-ils, Henri V, ou Napoléon, ou la Régence, ou la République ? Quelle République ? Quels sont leurs chefs ? Quel est leur Gouvernement désiré ? — On ignore tout.

### On fait croire que la République est menacée.

Le gouvernement fait croire à la garde mobile, à l'armée, à la garde nationale, au public, que les insurgés sont des agens d'Henri V, surtout de Napoléon.

Aussi la Garde mobile se précipite au cri de *vive la République* ! comme si l'insurrection menaçait la République.

Partout les républicains restent incertains, paralysés, immobiles.

### Faux bruits.

Mille faux bruits circulent pour rendre les Insurgés odieux, pour irriter les Gardes mobiles, les soldats et les Gardes nationaux.

Par exemple, on affirme que les Insurgés ont coupé la tête à cinq Gardes mobiles faits prisonniers, qu'ils ont coupé les poignets à d'autres, qu'ils en ont pendu, scié, etc., etc.

Un grand journal réactionnaire affirme même, le 27, que les Insurgés avaient inscrit sur leurs drapeaux : *Viol* et *Pillage*.

Un autre journal réactionnaire annonce un autre bruit également faux.

### Faux bruit sur le citoyen Cabet.

Dans le journal l'*Assemblée nationale* du 25, répété par le *Drapeau national* du 26, on lit :

« *Minuit. — La Bastille. — Les chefs.* De l'église protestante Sainte-Marie, rue Saint-Antoine, à la maison de face qui forme angle de la place de la Bastille, une immense barricade est dressée. Le faubourg

Saint-Antoine et la place de la Bastille appartiennent aux ouvriers, leurs chefs sont avec eux, tous les ordres partent de là, — le mot d'ordre et de ralliement est celui-ci : *Mourir en combattant ou vivre en travaillant*. — Les noms des chefs sont ceux-ci : *Hubert, Cabet, Louis Lebon*, etc. — Les derniers ont donné les ordres de dresser pendant la nuit le plus de barricades possible. — de faire mettre dans les rangs des gardes nationaux beaucoup d'ouvriers, afin de savoir parfaitement ce qui se passe de leur côté, et à un moment donné, de mettre ainsi la garde nationale entre deux feux. »

On sent combien une pareille assertion est dangereuse pour le citoyen *Cabet*, contre qui la garde nationale a déjà poussé tant de cris de mort ! Eh bien, c'est une fausseté matérielle, comme, quand on a affirmé qu'il était au *Champ-de-Mars* le 16 avril et même qu'il était à *cheval* à la tête d'une armée de factieux, comme quand on a dit ensuite qu'il était à *Marseille*.

Aussitôt que le citoyen Cabet a connaissance de cet article, il fait écrire à beaucoup de journaux pour le démentir : mais rien ne peut leur arriver pendant plusieurs jours ! On aurait le temps d'être fusillé cent fois avant de pouvoir réclamer ; et plusieurs journaux, notamment le *Siècle*, refusent de publier la réclamation.

### Immenses préparatifs du Pouvoir.

Depuis longtemps, les troupes de toutes armes (infanterie, cavalerie, artillerie, génie militaire, sapeurs, mineurs et pompiers) étaient concentrées à Paris et dans les environs, 100,000 hommes peut-être, en y comprenant 24,000 hommes de la garde mobile, et cette armée jointe à plus de 150,000 gardes nationaux de Paris et à des milliers de gardes nationaux appelés ou accourus d'un grand nombre de villes, était assurément l'une des plus grandes armées mises en mouvement dans les grandes batailles.

### Grande bataille.

C'est en effet une grande bataille que celle qui a duré quatre jours, du 23 au 26, et dans laquelle plus de dix généraux ont figuré à la tête d'une aussi grande armée. On a tiré plus de 2,000 coups de canon et plusieurs millions de coups de fusil. Les combats de juillet 1830 et de février 1848 étaient peu de chose comparés au dernier. C'était effroyable ! Et un bombardement pour incendier ou pour écraser le faubourg Saint-Antoine !.... Ah ! le récit détaillé fera frémir d'horreur !

### Entre qui la guerre.

Ainsi, la guerre existe entre l'insurrection et l'Assemblée nationale, défendue par la Garde nationale, par la Garde mobile et par l'Armée.

## État de siége. — Dictature.

L'Assemblée nationale discutait un projet de décret pour la dissolution, sous trois jours, des Ateliers nationaux, lorsque, le 23, on vient lui annoncer que les barricades ont commencé. Garnier-Pagès, au nom de la Commission exécutive, déclare qu'elle a pris les mesures nécessaires pour *en finir avec les agitateurs* et qu'elle ne manquera pas de *vigueur* et *d'énergie* pour faire rentrer dans *l'ordre* les Ateliers nationaux et les forcer à l'obéissance.

*Lamartine* demande qu'on ait confiance dans la Commission, en promettant d'agir vigoureusement et d'aller mêler son sang, s'il le faut, à celui de la Garde nationale pour abattre les barricades.

On demande que l'Assemblée se porte elle-même sur les barricades : mais elle se borne à se déclarer en *permanence*.

Bientôt, à la séance du soir, on annonce que le général Clément Thomas vient d'être blessé ; mais que *Lamartine* et *Arago* viennent d'enlever chacun une barricade à la tête de la Garde nationale et de la troupe.

*Arago* déclare aux insurgés, qui veulent négocier, qu'on n'entendra rien tant qu'ils n'auront pas déposé les armes.

C'est en vain que *Considérant*, *Caussidière* et *Beaune* proposent une *proclamation de l'Assemblée aux insurgés* dans l'espoir de faire cesser l'insurrection ; on leur crie qu'ils favorisent l'émeute et qu'on veut au contraire en finir avec les émeutiers.

*Garnier-Pagès* vient annoncer à 11 heures du soir que les insensés et les factieux vont être réduits et ramenés à l'ordre ; que le faubourg Saint-Antoine donne seul encore de l'inquiétude ; mais qu'il espère que demain on en finira avec les insurgés, qui n'ont d'autre drapeau que *l'anarchie* et le *pillage*.

Le 24, à huit heures du matin, le président annonce que la garde nationale de la banlieue arrive en masse ; que toutes les troupes montrent la plus grande énergie, et que dans la journée, et dans deux heures peut-être, l'insurrection sera dominée.

Par un décret, l'Assemblée déclare que la République adopte les enfans et les veuves des gardes nationaux tués dans le combat.

Peu après, à 9 heures 35 minutes, sur la proposition de *Pascal Duprat*, et malgré la protestation de plus de 60 représentans, l'Assemblée déclare Paris en *état de siége*, et concentre tous les pouvoirs exécutifs entre les mains du général Cavaignac, en se maintenant elle-même en permanence.

La Commission exécutive se trouve ainsi tacitement supprimée ou destituée, sans qu'on lui fasse l'honneur de parler d'elle : Quelle fin !

Soixante représentans sont désignés pour porter ce décret aux mairies et aux principaux postes de la garde nationale.

Cependant l'état de siége s'exécute : dans tous les quartiers non-occupés par l'insurrection, la Garde nationale, toujours de plus en plus nombreuse, fait fermer les portes et les croisées, empêche toute circulation et toute communication. Paris n'est plus pour ses habitans qu'une vaste prison, tandis que ses rues, etc., ne sont plus qu'un vaste corps-de-garde ou qu'une vaste citadelle.

Bientôt onze journaux sont suspendus par le motif, dit une note officielle communiquée à tous les journaux, que leur rédaction était de nature à prolonger la lutte. Ces onze journaux sont : *la Presse,* — *l'Assemblée nationale,* — *la Liberté,* — *la Vraie République,* — *l'Organisation du travail,* — *le Napoléon républicain,* — *le Journal de la Canaille,* — *le Lampion,* — *le Père Duchêne,* — *le Pilori,* — *la Révolution de* 1848.

## Courage.

Il paraît que tout le monde, soldats, Garde mobile, Garde Républicaine, Garde nationale de Paris, de la Banlieue et des villes voisines, montrent, comme les Ouvriers, un admirable courage, au-dessus de toute expression, les uns pour attaquer de formidables barricades défendues par un feu meurtrier dirigé depuis les croisées des maisons adjacentes, les autres pour les défendre contre le canon, contre d'effroyables fusillades et contre des attaques répétées presque sans interruption par des forces bien supérieures.

Quelle gloire et quel bonheur pour la France si ce courage était employé pour la Patrie et pour l'Humanité contre les agressions du despotisme étranger !

Quel affreux malheur qu'il s'épuise dans la guerre civile !

## Pertes.

On se bat, des deux côtés, avec tout l'acharnément, avec toute la fureur que peut enfanter la guerre civile : c'est affreux, c'est horrible !

Des deux côtés aussi, les pertes sont immenses : vingt mille hommes peut-être périssent ou sont estropiés ; mais les vainqueurs ont encore plus souffert que les vaincus. Dans la Garde mobile surtout, des compagnies entières, des bataillons presqu'entiers ont disparu sous le feu des barricades.

Beaucoup de généraux, beaucoup d'officiers, beaucoup des principaux citoyens de Paris, chefs ou soldats dans la Garde nationale, ont été tués ou blessés.

Plusieurs Représentans ont été blessés. L'un d'eux a été tué.

L'Archevêque est mort d'une blessure reçue, on ne sait encore d'où, au moment où il s'avançait entre les combattans pour faire cesser le combat.

On ne voit que des corbillards.

Et dans les faubourgs, que de ruines par le canon ! Que de désastres !

Que de deuil dans la ville, que de misères partout !

C'est affreux ! c'est horrible !

### Cessation du combat.

Partout le combat cesse faute de munitions, de direction et de chefs.

Les faubourgs Saint-Jacques et Saint-Marceau capitulent le 24, les autres quartiers le 25, le faubourg Saint-Antoine le 26, pour éviter la destruction dont il est menacé.

### Prisonniers.

On parle de 6 à 7,000, sans compter ceux qui périssent à l'instant même.

On les amène dans l'intérieur par bandes de 100, de 200, etc., presque tous les mains attachées derrière le dos.

Ce sont des ouvriers dont le vêtement annonce la misère, quelques jeunes gens, quelques gardes mobiles, quelques Gardes nationaux.....

Que de bruits sur eux ! Que de cris contre eux !

On conçoit l'irritation après tant de pertes ; mais qu'elle est horrible, cette guerre civile, qui déchaîne et allume toutes les passions !

Revenons sur nos pas, et voyons les actes de l'Assemblée nationale et du général Cavaignac :

Dès le 23 juin au soir, le Représentant *V. Considérant* rédige le projet de proclamation suivante :

### Projet de Proclamation présenté par V. CONSIDÉRANT.

*L'Assemblée nationale aux Ouvriers de Paris.*

« Ouvriers nos frères !

» Une affreuse collision vient d'ensanglanter les rues de la Capitale. Une partie d'entre vous ont contraint le Gouvernement, pour sauver la République, de tourner contre eux des armes françaises...

» Des Républicains, des frères ont versé le sang de leurs frères !

» Au nom de la Patrie, au nom de la Révolution qui doit vous éman-
ciper, au nom de l'Humanité dont nous voulons tous assurer et organiser les droits sacrés, jetez, jetez ces armes fratricides.

» Est-ce pour nous entre-déchirer que nous avons conquis la République? que nous avons proclamé la loi démocratique du Christ,
la sainte Fraternité?

» Frères, écoutez-nous, écoutez la voix des représentans de la France
entière : Vous êtes victimes d'un malentendu fatal !

» Pourquoi vous êtes-vous soulevés? Les souffrances que nous ont
léguées dix-huit mois de crise industrielle et dix-sept années de corruption monarchique, n'atteignent-t-elles pas toutes les classes ?

» Écoutez-nous : Ici, ce sont des chefs d'industrie qui accusent les
ouvriers et les ateliers nationaux de la ruine des affaires ; là, des ouvriers accusent les chefs d'industrie de leur détresse.

» Cette accusation réciproque n'est-elle pas une erreur funeste ?
Pourquoi accuser les hommes et les classes ? pourquoi nous accuser, les
uns les autres, de souffrances engendrées par la fatalité des choses ; de
souffrances, héritage d'un passé que tous nous voulons transformer ?

» Est-ce en nous massacrant que nous nous enrichirons ? Est-ce en
nous égorgeant que nous fonderons l'Ère de la Fraternité ? Depuis quand
la haine et la guerre civile sont-elles productives et fécondes ? Où sera
le travail si l'émeute agite incessamment Paris ? Où sera le pain pour
tous, si toutes les industries sont arrêtées par la terreur sanglante de la
rue ?

» Ouvriers nos frères ! nous vous le répétons, vous êtes victimes
d'un malentendu fatal...

» Ouvriers, on vous trompe ! on vous inspire contre nous le doute, la
défiance et la haine ! On vous dit que nous n'avons pas au cœur le saint
amour du Peuple ; que nous n'avons pas de sollicitude pour votre sort;
que nous voulons étouffer les développemens légitimes du principe social de la Révolution de Février : on vous trompe, frères, on vous
trompe !

» Sachez-le, sachez-le bien : Dans son âme et dans sa conscience, devant Dieu et devant l'Humanité, l'Assemblée nationale vous le déclare :
elle veut travailler sans relâche à la constitution définitive de la Fraternité sociale.

» L'Assemblée nationale veut consacrer et développer par tous les
moyens, possibles et pratiques, le droit légitime du peuple, le droit
qu'a tout homme venant au monde, *de vivre en travaillant.*

» L'Assemble nationale veut consacrer et développer, par des sub-
ventions et des encouragemens de toutes sortes, ce grand principe de
l'Association, destiné à unir librement tous les intérêts, tous les droits.

» L'Assemblée nationale veut, comme vous, tout ce qui peut amélio-
rer le sort du Peuple dont elle émane; relever la dignité du travailleur;
rapprocher fraternellement tous les membres du grand corps national.

» Frères, frères ! laissez à vos représentans le temps d'étudier les
problèmes, de vaincre les obstacles, de reconstruire démocratiquement
tout un ordre politique et social renversé en trois jours par une victoire
héroïque: et cessez, oh ! cessez de déchirer par des collisions sanglan-
tes les entrailles de la Patrie ! ! »

Ce projet, répandu dans l'Assemblée, est adopté et signé par une soixantaine de Représentans ; mais l'Assemblée ne veut pas en entendre la lecture à la tribune, et préfère la proclamation de son Président Sénart, adressée à la Garde nationale et dirigée contre le Socialisme.

### L'Assemblée nationale à la Garde nationale.

« Gardes nationaux,

» Vous avez donné hier, vous ne cessez de donner des preuves éclatantes de votre dévouement à la République.

» Si l'on a pu se demander un moment *quelle est la cause* de l'émeute qui ensanglante nos rues, et qui, tant de fois, depuis huit jours, a changé de *prétexte* et de *drapeau*, aucun doute ne peut plus rester aujourd'hui, quand déjà *l'incendie* désole la cité, quand *les formules du communisme* et les *excitations au pillage* se produisent audacieusement sur les barricades.

» Sans doute la *faim,* la *misère,* le *manque de travail,* sont venus en aide à l'émeute.

» Mais, s'il y a dans les insurgés *beaucoup de malheureux qu'on égare,* le crime de *ceux qui les entraînent* et le *but qu'ils se proposent* sont aujourd'hui mis à découvert.

» Ils ne demandent pas la République. — Elle est proclamée.

» Le suffrage universel ! — Il a été pleinement admis.

» Que veulent-ils donc ? — On le sait maintenant : Ils veulent *l'anarchie, l'incendie, le pillage.*

» Gardes nationaux ! unissons-nous tous pour défendre et sauver notre admirable capitale !

» L'Assemblée nationale s'est déclarée en permanence. Elle a concentré dans la main du brave général Cavaignac tous les pouvoirs nécessaires pour la défense de la République.

» De nombreux représentans revêtent leurs insignes pour aller se mêler dans vos rangs et combattre avec vous.

» L'Assemblée n'a reculé, elle *ne reculera devant aucun effort* pour remplir la grande mission qui lui a été confiée. Elle fera son devoir comme vous faites le vôtre.

» Gardes nationaux, comptez sur elle comme elle compte sur vous.

» Vive la République !

Le Président de l'Assemblée nationale,

» Le 24 juin 1848. SÉNARD. »

Remarquons d'abord que l'Assemblée nationale reconnaît que, parmi les insurgés, il y a beaucoup de *malheureux égarés,* et que le *manque de travail,* la *misère* et la *faim* sont une des principales causes de l'insurrection.

Puis, la proclamation prétend que l'émeute est la même que celle qui, depuis huit jours, a souvent changé de *prétexte* et de *drapeau,* arborant tantôt le nom de Napoléon, tantôt celui d'un autre prétendant.

Enfin, elle affirme que l'émeute voulait, non pas un prétendant quelconque, mais *l'anarchie, l'incendie* et le *pillage.*

N'est-ce pas autant de contradictions ?

Le rédacteur de la proclamation présente le *Communisme* comme la véritable *cause* de l'émeute ; mais comment a-t-il pu écrire une assertion aussi grave et aussi dangereuse sans remords de conscience ?

Il prétend que les excitations au pillage et à l'incendie se sont produites sur les barricades ; mais où en est la preuve ? Est-il permis d'affirmer légèrement un fait aussi grave, surtout quand, au contraire, on affirme de tous côtés que le cri général aux barricades était : *Vivre en travaillant ou mourir en combattant*, avec cet autre cri plus général encore : *Vive la République démocratique et sociale* !

Le rédacteur affirme encore que l'*incendie* et le *pillage* sont *les formules du Communisme* ; mais c'est une erreur bien grave, bien dangereuse et bien inconcevable dans un pareil acte, une erreur contre laquelle nous ne pouvons trop protester et contre laquelle nous avons adressé au Président la protestation suivante :

*Au Président de l'Assemblée nationale.*

25 juin 1848.

**Citoyen Président,**

Au milieu des calamités publiques qui doivent causer à tous une profonde douleur, me sera-t-il permis de réclamer contre l'erreur infiniment dangereuse commise dans votre proclamation du 24 juin à la Garde nationale au nom de l'Assemblée nationale, c'est-à-dire dans un acte que son caractère investit d'une autorité presque toute puissante.

Si cette erreur ne compromettait que moi, je ne réclamerais pas aujourd'hui, quoique le danger puisse être grand pour moi dans un moment où une autre erreur répandue par un journal, qui sera probablement répété par d'autres, me signale faussement comme un des chefs de l'insurrection au faubourg Saint-Antoine ; mais cette double erreur peut compromettre un grand nombre de citoyens qui partagent mes sentimens, et réclamer dans leur intérêt est pour moi un devoir dont les hommes de cœur apprécieront l'accomplissement.

D'ailleurs, le Président de l'Assemblée nationale, comme l'Assemblée nationale elle-même, ne peut vouloir d'autre triomphe que celui de la justice et de la vérité.

Or, dans votre proclamation vous dites « qu'aucun doute ne peut exister aujourd'hui sur *la cause* de l'émeute, quand déjà l'*incendie* désole la cité, quand la *formule du Communisme* et les *exitations au pillage* se produisent sur les barricades. »

Eh bien ! avec toute la déférence due au Président d'une Assemblée qui parle au nom de la Nation française, je proteste que la violence, l'incendie, le pillage, la loi agraire, ne sont nullement la *formule du Communisme* ; je proteste que la formule du Communisme Icarien que je professe est complètement opposée, puisqu'elle est celle du Christianisme et de l'Évangile, basée sur la fraternité, sur l'ordre, sur la propagande légale et pacifique, en un mot sur la volonté nationale.

Du reste, je suis prêt à rendre compte de toutes mes doctrines comme de tous mes actes devant la Justice régulière du pays.

Je vous prie de donner communication de ma lettre à l'Assemblée nationale.

Salut et fraternité.<br>CABET.

Mais l'état de siége m'a empêché de faire parvenir cette protestation le 25 ; je n'ai pu la faire remettre que le 27 à un Représentant.

Voici, du reste, une proclamation des insurgés du faubourg Saint-Antoine qui détruit l'assertion du Président.

### Proclamation des insurgés.

Nous trouvons dans *l'Estafette* du 28, la Proclamation suivante, affichée dans le faubourg Saint-Antoine :

« *Aux armes !*

» Nous voulons la *République démocratique et sociale !*

» Nous voulons la souveraineté du Peuple !

» Tous les citoyens d'une République ne doivent et ne peuvent vouloir autre chose.

» Pour défendre cette République, il faut le concours de tous. Les nombreux démocrates qui ont compris cette nécessité sont déjà descendus dans la rue depuis deux jours.

» Cette sainte cause compte déjà beaucoup de victimes ; nous sommes tous résolus à venger ces nobles martyrs ou à mourir.

» Alerte ! citoyens ! que pas un seul de nous ne manque à cet appel,

» En défendant la *République*, nous défendons la *propriété.*

» Si une obstination aveugle vous trouvait indifférens devant tant de sang répandu, nous mourrons tous *sous les décombres incendiés du faubourg Saint-Antoine.*

» Pensez à vos femmes, à vos enfans, et vous viendrez à nous ! »

Ainsi, les Insurgés n'attaquaient ni la *propriété*, ni la *République* ; ils défendaient, au contraire, la *République démocratique et sociale.*

D'autres proclamations étaient rédigées dans le même sens : aucune n'excitait au pillage ni à l'incendie.

Quelques-uns de leurs drapeaux saisis et apportés à l'Assemblée portaient même cette inscription : *Respect à la propriété ! Mort aux voleurs !*

Et sur presque toutes les maisons on lisait ces mots écrits à la craie : *Mort aux voleurs !*

### Le général Cavaignac aux insurgés.

AU NOM DE L'ASSEMBLÉE NATIONALE.

« Citoyens ,

» Vous croyez vous battre *dans l'intérêt des ouvriers,* c'est contre eux que vous combattez, *c'est sur eux seuls que retombera tant de sang versé.* Si une pareille lutte pouvait se prolonger, il faudrait désespérer de l'avenir de la *République, dont vous voulez tous assurer le triomphe irrévocable.*

» Au nom de la patrie ensanglantée,

» Au nom de la République que vous allez perdre,

» Au nom du *travail que vous demandez* et qu'on ne vous a jamais *refusé*, trompez les espérances de nos ennemis communs, mettez bas vos armes fratricides, et comptez que le gouvernement, s'il n'ignore pas que dans vos rangs il y a des *instigateurs criminels*, sait aussi qu'il s'y trouve des *frères qui ne sont qu'égarés*, et qu'il rappelle dans les bras de la patrie. »

Paris, le 24 juin 1848.                    Général CAVAIGNAC.

Ainsi, le Gouvernement reconnaît que les insurgés sont des *frères égarés;* qu'ils veulent le triomphe de la *République;* qu'ils demandent du *travail;* et qu'ils croient se battre dans l'intérêt des *ouvriers.*

L'insurrection n'est donc pas dirigée contre la République; ce sont donc des *Républicains*, des *ouvriers* demandant du travail, des *frères égarés* qui vont combattre.

Et ils seront combattus par les soldats qui sont leurs frères, qui ont été ouvriers comme eux et qui redeviendront ouvriers! Ils seront combattus par la garde mobile qui s'est battue avec eux aux barricades de Février et qui est composée d'ouvriers, de Parisiens, de camarades et de frères...!

Comment trouver assez d'expressions pour déplorer un pareil malheur!

### Le général Cavaignac à l'armée.

« Soldats,

» Le salut de la patrie vous réclame! C'est une terrible, une cruelle guerre que celle que vous faites aujourd'hui. Rassurez-vous, vous n'êtes point *agresseurs;* cette fois, du moins, vous n'aurez pas été de tristes instrumens de despotisme et de trahison. Courage, soldats, imitez l'exemple intelligent et dévoué de vos concitoyens; soyez fidèles aux lois de l'honneur, de l'humanité; soyez fidèles à la *République;* à vous, à moi, un jour ou l'autre, peut-être aujourd'hui, il nous sera donné de mourir pour elle. Que ce soit à l'instant même, si nous devons *survivre à la République!*

» Paris, 24 juin 1848.                    CAVAIGNAC. »

Cette proclamation doit faire croire aux soldats que l'insurrection menace la République. Aussi les bataillons s'élancent au cri de : *Vive la République*, tandis que la proclamation précédente reconnaît que les insurgés veulent le triomphe de la République!

Reconnaissons-le néanmoins, le Général recommande aux soldats l'*Humanité.*

## Le général Cavaignac aux soldats.

« Citoyens soldats,

» Grâce à vous l'insurrection va s'éteindre ! Cette *guerre sociale*, cette guerre impie qui nous est faite tire à sa fin ! Depuis hier nous n'avons rien négligé pour éclairer *les débris* de cette *population égarée*, conduite, animée par des *pervers*. Un dernier effort, et la Patrie, la République, la société tout entière seront sauvées !

» Partout il faut rétablir l'ordre, la surveillance. Les mesures sont prises pour que la justice soit assurée dans son cours. Vous frapperez de votre réprobation tout acte qui aurait pour but de la *désarmer*. Vous ne souffrirez pas que le triomphe de l'ordre, de la liberté, de la République, en un mot, soit le signal de *représailles* que vos cœurs repoussent.

» Paris, 26 juin 1848.　　　　　Signé général CAVAIGNAC. »

Ainsi, c'est une *guerre sociale* ; c'est une *population égarée* dont il ne reste que des *débris*, et ces débris sont tellement menacés d'exécutions militaires que le général se croit dans la nécessité de demander que l'on attende les sentences des tribunaux, au lieu de fusiller sans jugement !

### A LA GARDE NATIONALE ET A L'ARMÉE.

« Citoyens soldats,

» La cause sacrée de la République a triomphé ; votre dévoûment, votre courage inébranlable ont déjoué de coupables projets, fait justice de funestes *erreurs*. Au nom de la Patrie, au nom de l'humanité tout entière, soyez remerciés de vos efforts, soyez bénis pour ce triomphe nécessaire.

» Ce matin encore, l'émotion de la lutte était légitime, inévitable. Maintenant, soyez aussi grands dans le calme que vous venez de l'être dans le combat. Dans Paris, je vois des *vainqueurs*, des *vaincus* ; que mon nom reste maudit, si je consentais à y voir des *victimes* ! La justice aura son cours ; qu'elle agisse, c'est votre pensée, c'est la mienne.

» Prêt à rentrer au rang de simple citoyen, je reporterai au milieu de vous ce souvenir civique, de n'avoir, dans ces graves épreuves, repris à la liberté que ce que le salut de la République lui demandait lui-même, et de léguer un exemple à quiconque pourra être, à son tour, appelé à remplir d'aussi grands devoirs.

» CAVAIGNAC. »

Ainsi, voilà la population divisée en *vainqueurs* et en *vaincus* ! Et le Général qui vient d'obtenir la victoire se croit forcé de flatter les passions pour les calmer, pour sauver les vaincus, pour empêcher les vainqueurs d'en faire des *victimes* !

### Suites de la victoire.

Nous avons vu onze journaux suspendus. On remet en vigueur les lois sur les affiches, les afficheurs, les crieurs, et la Presse. — On laisse cependant paraître encore les journaux sans timbre ni cautionnement ; mais il est probable que de nouvelles lois seront bientôt présentées à ce sujet.

Ceux des Clubs qui sont réputés *dangereux* sont fermés.

Les 12ᵐᵉ légion (quartier Saint-Jacques) et 9ᵐᵉ (quartier voisin de l'Hôtel-de-Ville), sont licenciées et désarmées. — La 8ᵐᵉ légion, quoique non licenciée, est désarmée. — Dans toutes les légions, tous les Gardes nationaux qui n'ont pas pris les armes pour combattre l'insurrection sont désarmés. — La moitié peut-être de la Garde nationale de Paris va se trouver désarmée. — Les Ouvriers en masse se trouveront désarmés partout.

On dit que les ateliers nationaux vont incessamment être dissous.

Pendant le combat, le général Cavaignac avait ordonné que tous les auteurs et fauteurs de l'insurrection fussent jugés par un *Conseil de guerre*. Après la victoire, l'Assemblée décrète que, par mesure de *sûreté générale*, les chefs seuls seront jugés, et que la masse sera transportée dans des îles françaises avec leurs femmes et leurs enfans qui le demanderont.

Cette disposition en faveur des femmes et des enfans est ajoutée sur la demande de *Pierre Leroux*, qui seul ose invoquer la religion et l'humanité.

C'est le général Cavaignac qui reconnaîtra et décidera ceux qui devront être transportés.

On considère comme chefs ou fauteurs ceux qui ont donné ou fait donner de l'argent ou des armes ou des munitions.

L'Assemblée nomme une *commission d'enquête*, composée de 15 membres, qui fera une *enquête* sur l'insurrection et même sur le 15 mai. C'est *Odilon-Barrot* qui en est Président !

Le général Cavaignac ayant déposé son pouvoir dictatorial, l'Assemblée décrète qu'il a bien mérité de la Patrie, ainsi que l'Archevêque, la Garde nationale, la Garde mobile, l'Armée, etc.

Puis, elle nomme le général Cavaignac Président de la République avec le droit de choisir son Conseil de ministres.

Le général Cavaignac compose à l'instant le nouveau ministère ainsi qu'il suit :

Général *Bedeau*, affaires étrangères ; — *Goudchaux*, finances ; — *Senard*, intérieur ; — *Bethmont*, justice ; — *Tourette*, commerce ; — *Recurt*, travaux publics ; — général *Lamoricière*, guerre ; — *Bastide*, marine ; — *Carnot*, instruction publique ; — général *Changarnier*, commandant de la Garde nationale.

Cependant, l'état de siége n'est pas encore levé ; mais la circulation est rétablie, et l'Assemblée adopte la proclamation suivante :

### Proclamation de l'Assemblée nationale.

« Français,

» L'*anarchie* est vaincue, Paris est debout et justice sera faite. Honneur au courage et au patriotisme de la Garde nationale de Paris et des départemens, honneur à notre brave et toujours glorieuse armée, à notre jeune et intrépide garde mobile (bravo !), à nos écoles, à la garde républicaine et à tant de généreux volontaires qui sont venus se jeter sur la brèche pour la défense de l'ordre et de la liberté. (Très bien.)

» Tous, au mépris de leur vie et avec un courage surhumain, ont refoulé de barricade en barricade, poursuivi jusque dans leur dernier repaire, ces forcenés qui, sans principe, sans drapeau, semblaient ne s'être armés que pour le massacre et le pillage. (C'est vrai !) *Famille*, institutions, liberté, patrie, tout était frappé au cœur, et sous les coups de ces nouveaux *barbares*, la *civilisation* du 19ᵉ siècle était menacée de périr.

» Mais non, la civilisation ne peut pas périr ; non, la République, œuvre de Dieu, loi vivante de l'Humanité, la République ne périra pas ; nous le jurons ! la France tout entière repousse avec horreur les *doctrines sauvages* où la *famille* n'est qu'un nom et la *propriété un vol ;* (très bien) nous le jurons par le sang de tant de nobles victimes tombées sous des balles fratricides.

» Tous les ennemis de la République s'étaient ligués contre elle et dans un effort violent et désespéré ; ils sont vaincus, et désormais aucun d'eux ne peut tenter de relever leur sanglant drapeau. (Très bien !) Le sublime élan, qui de tous les points de la France a précipité à Paris ces milliers de citoyens, dont l'enthousiasme nous laisse encore tout émus, ne nous dit-il pas assez que sous le régime du suffrage universel et direct, le plus grand des crimes est de s'insurger contre la souveraineté du Peuple ! (Très bien !)

» Et les décrets de l'Assemblée nationale ne sont-ils pas là aussi pour confondre de misérables calomnies, pour proclamer que dans notre République il n'y a plus de classes, plus de priviléges possibles, que les ouvriers sont nos frères, que leur intérêt a toujours été pour nous l'intérêt le plus sacré, et qu'après avoir rétabli énergiquement l'ordre et assuré une sévère justice, nous ouvrons nos bras et nos cœurs à tous ceux qui travaillent et qui souffrent parmi nous.

» Français, unissons-nous donc dans le saint amour de la patrie, effaçons les dernières traces de nos discordes civiles, maintenons fermement toutes les conquêtes de la liberté et de la démocratie ; que rien ne nous fasse dévier des principes de notre révolution ; mais n'oublions jamais que la société veut être dirigée, que l'égalité et la fraternité ne se développent que dans la concorde et dans la paix, et que la liberté a besoin de l'ordre pour s'affermir et se défendre de ses propres excès. (Bravo !)

» C'est ainsi que nous consoliderons notre jeune République , et que nous la verrons s'avancer vers l'avenir , de jour en jour plus grande et prospère, et puisant une nouvelle force, une nouvelle garantie de durée dans l'épreuve même qu'elle vient de traverser. »

Après cette lecture, l'Assemblée tout entière se lève au cri de : Vive la République ! vive l'ordre !

Mais nous, nous ne pouvons nous empêcher de protester contre les déplorables erreurs de cette proclamation : non, ces Insurgés n'étaient pas de *nouveaux barbares*, mais de malheureux ouvriers égarés par la misère et le désespoir ! Non, le Socialisme ne menace ni la *famille*, ni la *civilisation* ! C'est au contraire lui qui sauvera la France et l'Humanité, en criant à tous *amnistie, amnistie* !

# AMNISTIE, AMNISTIE !

*Vivre en travaillant ou mourir en combattant,* voilà le mot des insurgés du 23 juin. C'est moins une insurrection politique qu'une insurrection sociale, une insurrection pour du travail et pour l'existence.

C'est une insurrection spontanée, subite, déterminée par le manque de travail, par l'inquiétude de l'avenir, par le désespoir.

Le remède au mal n'est pas la violence, mais la sagesse, la prudence, la conciliation de tous les intérêts, l'humanité.

La violence ne guérirait rien, ne remédierait à rien, perpétuerait l'irritation et la discorde, achèverait de détruire pour longtemps la confiance et le crédit, le commerce et l'industrie, nous plongerait toujours davantage dans la confusion et le chaos, nous livrerait peut-être à la discrétion de l'étranger, et ouvrirait devant nous un abîme de calamités.

Oui, vous les vainqueurs, réfléchissez, consultez la raison et votre propre intérêt.

Vous êtes vainqueurs... ; mais la victoire vous a coûté cher ! et où en seriez-vous avec quelques victoires pareilles?

On ne tue pas le Peuple, pas plus que les idées... Le Peuple peut perdre dix et vingt batailles... Mais que la victoire coûte toujours cher à ses vainqueurs !... Et si, après tant de défaites, le Peuple est une fois vainqueur lui-même !...

Voyez ! c'était la MISÈRE auparavant; et maintenant, c'est encore la MISÈRE, et plus forte, et plus redoutable !...

Si vous restez dans la voie des haines et des vengeances, ce seront les haines et les vengeances partout, s'irritant et grandissant chaque jour... Ne sera-ce pas un état perpétuel de guerre ?... La guerre n'existera-t-elle pas non seulement entre la Bourgeoisie et le Peuple, mais dans la Bourgeoisie elle-même, entre les diverses légions de la Garde nationale et même entre les Gardes nationaux dans chaque légion ? N'êtes-vous pas effrayés de la nécessité de licencier deux légions, d'en désarmer trois, et de désarmer la moitié de la Garde nationale entière ? Êtes-vous sûrs que la guerre n'éclatera pas entre les Gardes nationaux qui vont rester armés ? Pourrez-vous dormir tranquilles ? Aurez-vous désormais quelque sécurité, quelque repos ? Cette vie ne sera-t-elle pas un enfer ?

Et les affaires ? Est-ce que la confiance et le crédit pourront renaître ? Est-ce que le commerce et l'industrie vont reprendre ? Est-ce que les faillites ne vont pas se multiplier et se précipiter ?...

Et la misère ? Est-ce qu'elle ne sera pas affreuse dans les faubourgs canonnés, bombardés, saccagés ?... Est-ce que le petit commerce et la petite industrie ne seront pas ruinés ?...

Et le désespoir ? Est-ce que vous ne l'entendez pas répéter : Mieux vaut mourir d'une balle que de faim ?

Entendez la voix de la justice, de l'humanité, de la religion, qui vous crient que les vaincus sont vos frères ! Entendez du moins la voix de votre intérêt qui vous crie que vous vous perdez en perdant la Patrie.

Mais l'oubli du passé et la réconciliation ne sont pas encore impossibles ; nous avons tous assez souffert pour unir nos douleurs, tous commis assez de fautes pour être indulgens, tous montré assez de courage pour pouvoir nous estimer encore...

Notre intérêt à tous est de ne voir partout qu'un *mal-entendu*, un MALHEUR au lieu d'un crime.....

Pour tous *amnistie* donc, *amnistie !*

Amnistie comme gage de réconciliation !

Amnistie au nom de la Fraternité !

Amnistie pour ramener l'ordre !

Amnistie dans l'intérêt de l'industrie et du commerce !

Amnistie dans l'intérêt de nos femmes et de nos enfans !

Amnistie dans le véritable intérêt de tous !

Amnistie dans l'intérêt de la République !

Amnistie pour le salut de la Patrie, que nos discordes prolongées pourraient livrer épuisée à la fureur des ennemis de la France !

CABET.

---

Ce qui précède devait paraître dans le *Populaire* du 25 juin et du 1ᵉʳ juillet : mais il nous a été impossible de publier notre journal.

Le *Populaire* devait aussi contenir l'article suivant, qui est à la fois la défense du Peuple et la condamnation du Pouvoir.

# NOUS PRENONS ACTE DES AVEUX DE M. LAMARTINE.

Le 12 juin, dans un débat solennel, M. Lamartine a dit :

« La France a pris *la République* au sérieux ; elle la veut, elle la défendra contre tous. Nous l'avons prise au sérieux, nous la défendrons de tous les périls qui pourraient lui être suscités ; je le répète, au nom même des souvenirs les plus glorieux et les plus légitimes : nous ne laisserons jamais la France s'avilir, et elle ne s'avilira pas.

« Citoyens, il vous reste un seul et dernier problème à résoudre, de tous ceux que nous avons essayé de dénouer ou de trancher, et dont la plupart ne sont, en effet, qu'à demi résolus ; il vous reste le problème du *Peuple* lui-même qui a concouru, avec tant de *dévouement*, avec tant d'énergie, avec une patience si méritoire, et dont moi, plus qu'un autre, j'ai été témoin tous les jours avec attendrissement, dans ces glorieuses journées de l'Hôtel-de-Ville.

» Là, citoyens, nous voyons des corporations tout entières nous apporter successivement l'offrande de leurs sueurs, leurs demi-journées de travail, les gouttes de leur sueur quotidienne, pour les besoins et le salut de la République, et descendre dans la rue le lendemain pour venir passer ces revues triomphales de l'ordre, où, non pas seulement les hommes qui ont à sauver dans la propriété un intérêt, mais ceux qui ont à sauver dans la propriété un principe, se dévouaient au prix de leur temps, de leur journée, à défendre ces biens mêmes qu'ils ne possédaient pas.

» Il ne faut pas avoir vu ce peuple comme nous, il faut avoir embrassé ces multitudes comme je l'ai fait deux mois, homme par homme, il faut l'avoir entendu parler, l'avoir vu sentir, pour se faire une juste idée du *désintéressement* et de la *grandeur* de la nation française, quand elle est émue par les grandes choses, par la liberté, par la patrie, par la fraternité ! Oh ! quel peuple ! citoyens, nous lui ferons la République assez belle, si nous lui faisons la *République à son image* !

» Sachez seulement le *connaître* et *l'aimer*. Souvenons-nous des *promesses* que la révolution de février lui a faites, et dont il saura attendre aussi l'accomplissement réfléchi et graduel ! Ne lui faisons jamais dire, en retardant involontairement les lois nécessaires à son instruction, à sa moralité, à son armement, à son travail surtout, que la République n'est qu'un mot de *déception* et de *mensonge* de plus dans la langue politique, et qu'après s'être servi de ses mains pour l'inaugurer, nous le rejetons en arrière, et nous oublions ses intérêts nombreux et sacrés pour nous occuper exclusivement des intérêts moins urgents et moins généreux. »

Voilà de belles paroles : mais M. Lamartine était dictateur ou membre principal d'une dictature, et il pouvait faire tout ce qu'il indique ici;

pourquoi donc n'a-t-il rien fait ? Est-ce qu'il n'avait pas prodigué les promesses au Peuple depuis le 24 février? Est-ce que le Peuple ne se plaint pas que les promesses n'ont été que des déceptions et des mensonges ?

« La première constitution c'est le *bonheur* de ce Peuple ; la première politique ce sont des lois *populaires* et *pratiques*. »

Et où est aujourd'hui le *bonheur* du Peuple? Quelles sont les lois *populaires* et *pratiques* ? Sont-ce les lois pour *l'impôt de 45 cent.* et contre les *attroupemens*, etc.? Est-ce le projet pour le rétablissement du cautionnement et du timbre ?

« Nous vous en avons apporté, nous vous en apporterons tous les jours encore ; votre sage initiative en augmentera le nombre. Nous comblerons, avec des lois *d'utilité populaire*, avec des lois de *travail*, avec des lois *émancipatrices* du *prolétariat*, avec des lois de *propriété multipliée, croissante dans les mains de tous ;* nous comblerons de *vérités* et de *bienfaits* cet ABÎME que CERTAINES UTOPIES ont comblé, dans les imaginations, de *fallacieuses promesses*, de *mensonges* et *d'erreurs.* »

Mais vous avez le pouvoir à votre disposition ; pourquoi donc n'avez-vous pas présenté ces lois *populaires* et *bienfaisantes*, ces lois de *vé ité*, ces lois qui doivent multiplier successivement la *propriété* pour le prolétaire maintenant accablé par la misère ? Faites donc ces lois, faites-les , ne perdez pas un instant pour les faire ! Pas tant de poésie, pas tant de phrases, et plus d'actes, plus de faits, plus de réalités ! Hâtez-vous de combler de vérités et de bienfaits, comme vous le dites pompeusement, l'abîme qui menace de tout engloutir !

Mais pourquoi donc attaquer toujours *certaines utopies*, en indiquant clairement que c'est le Communisme que vous attaquez? Est-ce généreux de frapper le Communisme, quand vous êtes au pouvoir et quand on pousse contre lui des cris de mort ? Comment pouvez-vous reprocher au Communisme des *promesses fallacieuses*, quand il ne fait aucune *promesse* et surtout aucune promesse fallacieuse, puisqu'il n'est pas au pouvoir ? N'est-ce pas vous plutôt, vous dictateur, qu'on peut accuser de promesses fallacieuses et mensongères?

Voilà ce que disait M. Lamartine le 12 juin, et voilà ce que nous lui répondions avant le 23 : mais aujourd'hui , nous pouvons lui dire, ainsi qu'à Ledru-Rollin et aux autres, qu'il n'est pas un de nos malheurs dont ils ne soient responsables envers la France et l'Humanité.

Et de nouveau nous prenons acte des aveux de M. Lamartine pour prouver que le malheureux Peuple méritait un autre sort.

Le 24 juin, dans ma cachette, ne sachant ce qui m'arriverait, j'écrivis ce qui suit :

# UN DERNIER MOT PEUT-ÊTRE.

Voici la guerre civile commencée et Paris en état de siége : personne ne peut dire quel sera son sort ; et je puis, moins que tout autre peut-être, prévoir quel sera le mien, moi contre qui l'on a répandu et l'on répand encore tant de calomnies (1), moi contre qui l'on a poussé tant de cris homicides.

Je me hâte donc de laisser deux mots pour la Vérité.

Je n'ai point de haine. Je suis un homme de philanthropie, d'amour et de fraternité.

J'aime l'Humanité ; je suis prêt à me dévouer pour elle ; mais je combats les mauvaises institutions qui la rendent malheureuse.

Je m'intéresse surtout aux prolétaires, parce qu'ils sont les plus nombreux, les plus opprimés, les plus misérables ; et je me dévoue pour eux malgré leur ignorance, leur injustice et leur ingratitude, parce que tous leurs vices sont moins leur faute que le crime de la Société ; et même, plus ils sont vicieux et malheureux, plus je me sens disposé à me dévouer pour eux, parce que ce sont les malades les plus en danger qui ont le plus besoin de médecin, et parce que la maladie se perpétuerait et s'aggraverait si personne ne se dévouait pour la guérir.

Mais je m'intéresse en même temps à toutes les classes sans exception, parce que toutes sont plus ou moins malheureuses, parce que leurs vices à toutes sont le résultat d'une mauvaise organisation sociale, parce que toutes sont victimes des mauvaises institutions.

---

(1) Un journal (l'*Estafette*) dit que j'ai présidé, le 18 juin, à Saint-Ouen, un banquet icarien, en insinuant que c'était pour préparer l'insurrection. — Un grand fonctionnaire public d'un département a écrit, le 23, que je venais de passer en poste dans sa ville, me rendant en toute hâte à Paris pour y arriver dans la matinée du 23. — Enfin. un autre journal (l'*Assemblée nationale*) affirmait, le 25, que j'étais au faubourg Saint-Antoine, à la tête de l'insurrection.

Assurément, si des zélés parmi les gardes nationaux m'avaient arrêté dans ce moment, ils auraient bien pu me tuer.

M'élevant donc aussi haut que possible au-dessus de tous les partis dans l'Humanité, me dégageant de toutes les mauvaises passions humaines, c'est le bonheur de tous les hommes que je désire, surtout le bonheur des faibles, des enfans, des femmes et des vieillards. Je demande que le sort du pauvre soit amélioré, mais je ne demande pas que le sort du riche soit détérioré; je veux que le Peuple ne soit plus spolié et opprimé, mais je ne veux pas qu'il devienne spoliateur et oppresseur; je ne veux plus d'oppression ni de spoliation pour personne; je repousse comme une iniquité ce mot *ôte-toi de là que je m'y mette.* Si les rôles étaient seulement changés, si les opprimés devenaient oppresseurs, tandis que les oppresseurs deviendraient opprimés, c'est aux nouveaux opprimés de demain que je m'intéresserais contre les nouveaux oppresseurs.

Encore une fois, c'est le bonheur de tous sans exception que je cherche, et personne n'est plus ennemi du désordre et de l'anarchie, plus ami de l'ordre, de l'organisation et de la justice.

La *Fraternité* a toujours été mon principe, ma boussolle et mon guide.

Quarante années d'étude, d'observation et de méditation, et cinq années de travail dans la solitude de l'exil, m'ont confirmé dans ces sentimens.

L'histoire montrant l'Humanité malheureuse partout sur la terre et dans tous les temps, j'en ai recherché la *cause*, et j'ai acquis la conviction que cette cause était l'*individualisme* ou l'*égoïsme*, qui sert de principe et de base à toutes les sociétés civiles.

Par contre, je suis arrivé à cette autre conviction, que le *remède* au mal ne pouvait se trouver que dans le principe opposé servant de base à la nouvelle organisation sociale, c'est-à-dire dans le *Communisme*, ou l'association solidaire, ou l'intérêt public et commun, ou la *Communauté*.

Pour moi, la Communauté doit être basée sur la *Fraternité* (qui comprend nécessairement l'*Égalité* et la *Liberté*), sur l'Éducation, le Travail et la Famille.

Pour moi, la Communauté est l'association la plus parfaite, la plus favorable à la production et à l'abondance, à l'ordre et à la paix, à la concorde et à l'union, au bien-être et au bonheur de tous.

Pour moi, la Communauté est une *assurance* mutuelle contre tous les désastres, tous les fléaux, tous les malheurs.

Pour moi, la Communauté c'est la *République*, c'est la *Démocratie*, c'est le *Christianisme* dans sa pureté primitive.

Et tous mes écrits (plus de quarante publiés depuis dix ans) prouvent que je n'ai jamais demandé l'établissement du Communisme par la violence, par l'émeute et par la révolution ; qu'au contraire, j'ai toujours combattu la violence sous toutes ses formes ; que je n'ai fait appel qu'à la discussion, à la propagande légale et pacifique, à la persuasion, à la conviction, à l'Opinion publique, au consentement de chacun et à la volonté nationale ; que je me suis attaché surtout à former des hommes et des citoyens en m'efforçant d'instruire et de moraliser le Peuple par la pratique de la fraternité.

S'il y a eu des exagérations, des excès et des abus commis par quelques individus qui prenaient le titre de Communistes, ces excès ont été commis malgré moi ; je les ai toujours combattus ; je me suis même séparé de leurs auteurs en prenant un autre titre, celui de Communiste *Icarien*.

On a souvent reconnu et l'on reconnaîtra toujours davantage que j'ai rendu un grand service à la société en instruisant et en moralisant une grande partie du Peuple.

Mais quoique la partie du Peuple instruite et moralisée fût plus grande qu'à aucune autre époque, la masse était encore à mes yeux trop ignorante, trop crédule, trop vicieuse et trop facile à égarer (l'expérience ne vient malheureusement que de le trop démontrer) pour que je fusse impatient de voir une Révolution.

Je n'étais pas impatient par une autre raison, c'est que la tête du Parti Républicain me paraissait composée d'hommes trop égoïstes, trop viveurs, trop ambitieux et trop incapables (et l'expérience ne l'a que trop démontré encore) pour faire prospérer une Révolution populaire.

Je préférais que la Révolution n'arrivât que quand la nation serait mieux préparée.

Cependant, comme la misère pouvait faire éclater inopinément cette Révolution, j'avais toujours accepté d'avance, pour ce cas, un *Régime transitoire* qui durerait plus ou moins longtemps, qui serait tout simplement la République démocratique et sociale, conduisant successivement et progressivement au régime complet de la Fraternité, de l'Égalité et de la Communauté.

Et pour mieux préparer l'expérience sans rien troubler en France, j'avais résolu d'aller fonder une grande Communauté, la Communauté *d'Icarie*, dans le Texas, en Amérique.

Une masse de généreux Icariens, pacifiques et dévoués comme moi à l'Humanité, avaient adopté ma proposition avec enthousiasme.

Une première avant-garde de 69 était déjà partie et une deuxième se disposait à la rejoindre, lorsqu'éclata comme une bombe la Révolution du 24 Février.

Fidèle à mes principes, complètement désintéressé, sans ambition, je ne demandai rien, ni pour moi, ni pour le Communisme ; je reconnus le Gouvernement provisoire et la République, exhortant tous les Icariens à les reconnaître également et à les aider.

Si je l'avais bien voulu, j'aurais pu être membre du Gouvernement provisoire ou occuper quelque autre poste important.

Si j'avais été membre du Gouvernement provisoire, j'ai la conviction que j'aurais tout sauvé.

J'aurais d'abord rassuré complètement sur le Communisme en l'expliquant, en le faisant connaître et apprécier, en l'ajournant pour ne parler que de *Démocratie* et de *République*, comme s'il n'avait jamais été question d'autre chose.

J'aurais demandé la réalisation de la République démocratique et sociale, en organisant l'ordre et la paix, en conciliant tous les intérêts, en marchant prudemment et progressivement.

J'aurais tout fait pour rétablir la confiance et le crédit, le commerce l'industrie, l'union et la concorde.

Je suis convaincu que la chose était possible, facile même, avec de la résolution et de la fermeté, jointes à la modération et à la justice.

Je suis convaincu encore que la Bourgeoisie se serait résignée.

Mais le Gouvernement provisoire ne m'a pas appelé ; et les préventions que le *National* et la *Réforme* avaient répandues contre le Communisme m'ont paralysé.

D'ailleurs, malgré mes défiances et mes craintes, j'espérais que le Gouvernement sauverait la Révolution et la République.

Comment croire en effet qu'il pourrait montrer tant d'incapacité et faire tant de fautes !

C'est lui, le Gouvernement, c'est le *National,* c'est la *Réforme*, ce sont surtout *Ledru-Rollin* et *Lamartine* ; qui ont tout perdu.

A eux toute la responsabilité des catastrophes ! Que de malédictions leur réserve la Postérité !

Que de fautes commises par les chefs secondaires du Parti Démocrate !...

Enfin, voici la guerre civile avec toutes ses fureurs et toutes ses horreurs.... !

C'est la guerre sociale !

C'est la guerre de la misère, de la faim et du désespoir !

C'est la guerre entre le Peuple et la bourgeoisie,

Et les ouvriers, les travailleurs, les producteurs, ceux qui ont fait la révolution, les républicains les plus dévoués, qui ont montré tant de générosité, à qui l'on a prodigué tant d'éloges, vont être écrasés par la puissance gouvernementale.

Et ce sont des soldats qui vont massacrer des ouvriers leurs frères! C'est la Garde mobile qui va massacrer ses camarades des barricades!... C'est la Garde républicaine qui va massacrer des républicains!

Quelle confusion! Quel chaos!

Et quel avenir pour la France! que de haines, que de divisions, que de misères nouvelles, quel abîme de calamités pour tout le monde!

C'est précisément cet abîme que je voulais éviter à jamais par la réalisation des doctrines de fraternité, d'ordre et de paix.

Et cependant, moi qui suis étranger aux journées de juin, comme à celles de mai et d'avril, je serai peut-être victime; car une Proclamation du Président de l'Assemblée nationale excite la colère des Gardes nationaux contre les Communistes en dénonçant le Communisme comme étant la *cause* de l'insurrection, tandis qu'un journal me signale comme étant à la tête des insurgés.

Mais si je succombe sous la violence, je serai victime de l'erreur et de la calomnie.

Je serai martyr pour mes idées régénératrices et pour mon dévouement à l'Humanité.

Et je pardonne d'avance à mes meurtriers; car ils ne sauront certainement pas qu'ils frapperont un des meilleurs amis des vainqueurs comme des vaincus.

CABET.

# OBSERVATION.

Tout ce qui précède devait être publié pendant l'état de siége : mais l'état de siége est une chose si horrible que nous avons préféré laisser passer le monstre.

Aujourd'hui qu'il est passé, nous publions notre travail en le complétant, pour dire toute la vérité.

Loin de nous cependant l'intention d'irriter et de blesser ! Nous ne voulons que tirer des leçons utiles.

Nous dirons donc tout ce que nous croyons vrai et instructif; nous le dirons sur les partis et sur les hommes comme sur les choses ; mais, si nous parlons avec franchise, cette franchise sera vraiment philosophique, sans haine et sans partialité comme sans crainte; car, qu'on ne l'oublie jamais, serviteur dévoué de l'Humanité, nous ne nous intéressons pas plus au Peuple en général qu'à la Bourgeoisie, pas moins à la Bourgeoisie qu'au Peuple.

Du reste, la chose nous est facile, et nous sommes dans une position exceptionnelle pour être impartial et calme ; puisque nous partons pour Icarie, nous pouvons juger l'insurrection du 23 juin et même la Révolution du 24 février comme s'il s'agissait d'une insurrection et d'une révolution anciennes de quelques milliers d'années à Rome ou en Chine.

Nous diviserons notre travail en cinq sections.

1°. — Considérations générales sur les Révolutions.

2°. — Révolution de 1830.

3°. — Révolution de février.

4°. — Insurrection du 23 juin.

5°. — Le Remède, ou ce qu'il faut faire.

# CONSIDÉRATIONS GÉNÉRALES SUR LES RÉVOLUTIONS.

---

### PARTIS EN FRANCE.

On peut distinguer en France quatre grands Partis, *Légitimiste, Orléaniste, Bonapartiste, Républicain.*

Ce qu'on appelle actuellement la *Réaction* est l'amalgame confus des trois premiers Partis contre le quatrième.

On peut aussi ne distinguer que la *Bourgeoisie* en lutte avec le *Peuple.*

### TOUS LES PARTIS SONT RÉVOLUTIONNAIRES.

Le *Parti Légitimiste* n'a pas cessé de conspirer depuis l'émigration du Comte d'Artois (Charles X) en 1789 jusqu'en 1814, intriguant, mentant, calomniant, poussant aux excès, appelant l'invasion étrangère, employant toutes les ruses, toutes les perfidies, toutes les machinations les plus machiavéliques.

De même pendant les *Cent-Jours* contre Napoléon, de même après juillet 1830 contre Louis-Philippe, de même après le 24 février contre la République.

Rien ne l'arrête, ni la Volonté Nationale, ni les Constitutions et les lois de l'Assemblée Constituante, ni celles de la Législative, ni celles de la Convention, ni celles des deux Conseils sous le Directoire, ni celles du Sénat et du Corps législatif sous le Consulat et l'Empire, ni celles de la Chambre des Représentans pendant les Cent-Jours, ni celles de la Chambre des Pairs et de la Chambre des Députés sous Louis-Philippe.

Il a toujours considéré et proclamé que la conspiration, l'émeute, l'insurrection et la Révolution étaient son droit.

Et pour l'exécution, il a toujours pensé et déclaré qu'il n'y avait pour lui ni lois, ni règles, ni morale, ni frein d'aucune espèce, et que tous les moyens lui étaient bons, la corruption, la trahison, l'assassinat, les machines infernales.

On ne sait que trop, par l'histoire, ce qu'il a fait dans tous les temps pour attaquer ; on ne sait que trop aussi ce qu'il a fait depuis 1789 et surtout après 1815 pour se défendre.

Et tous les personnages de ce Parti, les Polignac, les Larochejacque-lein, les Berryer, etc., savent bien que, à leurs yeux, les insurrections et les Révolutions ne sont que des questions de force et de bataille, dans lesquelles le vainqueur a toujours raison et le vaincu toujours tort.

Et c'est la tête et la fleur de la Société qui pensent ainsi ; ce sont les grands seigneurs, les grands propriétaires , les beaux messieurs et les belles dames aux grands sentimens et aux belles manières ; c'est le grand monde.

Tout ce beau monde , quand son intérêt l'exige , n'a de répugnance pour aucune barbarie contre ses ennemis, ni pour la famine, ni pour la mitraille, ni pour le bombardement , ni pour aucune espèce de massa-cre.

Et l'on peut bien le dire hardiment ; car c'est de l'histoire , c'est un fait.

Et nous ajouterons que ce fait est moins le crime des hommes que celui de l'infernal ÉGOISME qui sert de base à notre détestable *Orga-nisation Sociale.*

Nous dirons que tous ces désordres, toutes ces violences, toutes ces cruautés se renouvelleront nécessairement tant que la Société sera fon-dée sur l'*Individualisme* ou l'*Égoïsme.*

Nous dirons que c'est pour cela que nous sommes aussi indulgent pour les *personnes* qu'inflexible contre les mauvaises *institutions ;* c'est pour cela que, cherchant philanthropiquement le remède à tant d'hor-reurs et de calamités, à tant d'insurrections et de révolutions, nous sommes arrivé à devenir Socialiste et Communiste, pour établir enfin la concorde et le bonheur dans la Société.

Tout ce que nous venons de dire s'applique au *Parti Bonapartiste,* dont le premier chef a commencé sa carrière politique par la mitrail-lade de Saint-Roch contre la Bourgeoisie, pour la continuer par le 18 brumaire et par la fusillade du Duc d'Enghien, et dont le chef d'aujour-d'hui espérait trouver la gloire dans les insurrections de Strasbourg, puis de Boulogne.

Tout ne s'applique-t-il pas également au *Parti Orléaniste,* qui a toujours conspiré contre la Branche aînée (soit avant 1789, soit depuis) et contre Napoléon ?

Est-ce que le duc d'Orléans n'était pas révolutionnaire ?

Est-ce que *Louis-Philippe,* comme son père *Égalité,* n'a pas ap-plaudi à l'insurrection du faubourg St-Antoine contre la Bastille au 14 uillet 1789, etc., etc. ?

Est-ce qu'il n'a pas excité et approuvé l'insurrection et les barricades de 1830 contre son cousin *Charles X*, comme celui-ci et ses frères *Louis XVI* et *Louis XVIII* avaient excité et approuvé l'invasion étrangère contre la France ?

Est-ce que *Thiers*, *Odilon Barrot* et leur parti, n'étaient pas conspirateurs, émeutiers, insurrecteurs et révolutionnaires, en 1830, contre Charles X ?

Est-ce qu'ils n'ont pas été des conspirateurs, des émeutiers, des insurgés et des révolutionnaires, en février dernier, *contre Louis-Philippe* lui-même, quand ils ont ameuté la Garde nationale, les Électeurs, les Écoles, les Ouvriers, Paris et la France entière, en organisant partout des *banquets* malgré lui, pour lui forcer la main et le contraindre à accepter ces messieurs pour Ministres, au risque d'amener une Révolution sanglante ?

Est-ce que si l'insurrection avait avorté, comme celle de juin, Guizot et Louis-Philippe n'auraient pas pu traiter Thiers, Odilon Barrot, et leurs amis, de factieux, d'émeutiers, de traîtres et de révoltés ! Est-ce qu'ils n'auraient pas pu les rendre *responsables* de tout en accusant leurs *banquets* et leurs *doctrines* comme ils accusent eux-mêmes le *Socialisme* aujourd'hui ?

Est-ce que le *Constitutionnel* et le *Siècle* n'étaient pas, comme Thiers et Barrot, doublement émeutiers, révolutionnaires et révoltés, en février comme en 1830, contre Louis - Philippe comme contre Charles X ?

Est-ce que l'*Assemblée Nationale* et la *Réaction*, composées des trois Partis, Légitimiste, Bonapartiste et Orléaniste, ne sont pas composées de conspirateurs et de révolutionnaires.

Est-ce que le dernier Gouvernement provisoire surtout, les *Marrast*, etc., les *Marie*, les *Garnier-Pagès*, les *Arago*, les *Dupont* (*de l'Eure*), n'étaient pas des factieux, des insurgés et des rebelles contre la Branche cadette après l'avoir été contre la Branche aînée ?

Ajoutons même que depuis la grande Insurrection des *Communes* jusqu'aujourd'hui, la Bourgeoisie s'est toujours montrée, dans son intérêt, bien plus émeutière, bien plus révolutionnaire et bien plus violente que le Peuple, d'autant plus que la Bourgeoisie n'est jamais poussée par le Peuple, tandis que, dans les insurrections populaires, le Peuple est presque toujours poussé par la Bourgeoisie.

Et par exemple, le 9 mars, les *Négocians*, spontanément réunis à la Bourse et à l'Hôtel-de-Ville, ne menaçaient-ils pas le Gouvernement provisoire de fermer leurs ateliers et leurs boutiques, et de jeter leurs *ouvriers dans la rue* pour le forcer à leur accorder du délai pour le paiement de leurs billets ? Et le 16, la Garde nationale ne s'ameutait-elle pas en armes pour forcer le Gouvernement à rétablir ses *bonnets à poil?*

Par conséquent, dans une insurrection vaincue, que le Parti vainqueur profite s'il veut de la victoire comme le fait un général d'armée ; mais qu'il n'insulte pas et n'outrage pas les Partis vaincus, parce que le vainqueur est aussi révolutionnaire.

Encore une fois, il faut le reconnaître franchement, pour tous les Partis, l'insurrection n'est qu'une question de force.

Nous ne parlons pas des *Coalitions :* dans tout pays divisé en Partis, il n'y a pas un de ces Partis qui ne se coalise momentanément avec chacun des autres Partis tour à tour pour renverser le Parti dominant, sauf à se disputer ensuite la victoire.

---

# RÉVOLUTION DE 1830.

C'est le Peuple qui l'a faite en bravant tout les périls, en jonchant le pavé de ses cadavres.

Est-ce qu'il a commis des vols, du pillage, des viols, des incendies, des cruautés envers ses prisonniers et ses vaincus ?

Est-ce qu'il ne s'est pas montré aussi modéré, aussi humain, aussi généreux dans la victoire qu'intrépide et dévoué dans le combat ?

Est-ce qu'il n'a pas été loué, vanté, glorifié, par le Roi, par les Chambres, par la France et par le Monde entier.

Est-ce que, ensuite, quand on n'a plus eu besoin de lui et quand il réclamait justice, on ne l'a pas repoussé, dédaigné, calomnié, outragé, persécuté, tyrannisé, embastillé, enchaîné, mitraillé?...

Est-ce que tout cela l'a empêché de chasser, en un jour de combat les embastilleurs et les mitrailleurs?...

Malheureusement, l'expérience ne lui profite pas, et il va conserver une partie des embastilleurs, les hommes du *National*, les Bastide, les Buchez, les Marrast !... Malheureux Peuple !

# RÉVOLUTION DE FÉVRIER.

Thiers et Odilon Barrot, le *National* et le *Constitutionnel* ne voulaient qu'un changement de Ministère et peut-être la Régence : mais il n'en est pas moins vrai que ce sont eux qui , avec leur *banquet* du faubourg Saint-Jacques (12ᵉ arrondissement) et leur *manifestation* d'opposition, ont amené l'insurrection et la Révolution.

Ce sont l'intérêt personnel , l'égoïsme et l'ambition qui poussaient les meneurs.

Mais le Peuple ? c'est le massacre commis devant l'hôtel de Guizot et la trahison du Pouvoir qui lui arrachent un cri de vengeance et lui mettent les armes à la main.

Et comment se conduit-il, ce Peuple ? est-ce qu'il vole, pille, viole, assassine ses prisonniers ? Est-ce qu'il se montre démagogue, anarchiste, vindicatif, insolent, cruel, oppresseur ?

Est-ce qu'il parle d'état de siége, de désarmement, de vainqueurs et de vaincus ?

Est-ce qu'il dit : *væ victis, malheur aux vaincus* ?

Est-ce que, pour rassurer les propriétaires et montrer son respect pour les propriétés, il ne fusille pas lui-même quelques malheureux voleurs ?

Est-ce qu'il n'est pas vrai que le 23, un lieutenant de la 5ᵉ légion, Communiste Icarien et Gérant du *Populaire*, à la tête de quelques gardes nationaux et de 300 ouvriers, a sauvé une soixantaine de gardes municipaux et une trentaine de soldats qui venaient de faire feu sur le Peuple et qui se trouvaient bloqués et pris dans la maison de l'armurier Lepage (Voyez le *Populaire* du 27 février) ? Et le Peuple réprima sa colère pour montrer qu'il valait mieux que ses bourreaux et leurs séides !

Il est vrai que quelques violences ont été commises par quelques individus contre les chemins de fer ; mais si l'on avait bien recherché les instigateurs, on les aurait très probablement trouvés dans les rangs de ceux que la *concurrence* pousse irrésistiblement à désirer la ruine des concurrens et des rivaux.

Par conséquent point de violence à reprocher au Peuple de février.

Aussi, que d'éloges, que d'honneur pour lui, que de gloire !...

## EFFORTS POUR LA RÉGENCE.

Thiers, Odilon Barrot font tous leurs efforts pour faire proclamer la Régence, sur les barricades, à l'Hôtel-de-Ville et à la tribune.

On saura qui d'entre eux a failli être fusillé sur les barricades, vers la Madeleine, en y parlant de Régence.

On saura qui s'est rendu à l'Hotel-de-Ville pour y proposer la Régence.

On saura qui s'était déjà rendu au ministère de l'intérieur pour s'y installer au nom de la Régence, et qui était monté sur le siége du cocher pour y courir plus vite.

On sait bien que Odilon Barrot s'indignait, à la tribune, qu'on pût penser à autre chose qu'au comte de Paris et à sa mère.

Tout le grand monde sait, avec *Dupin* l'aîné, ce que disait et écrivait sur cet auguste enfant et sur cette magnanime princesse, un Député porté quelques heures après au Gouvernement provisoire.

Mais peu de personnes connaissent les larmes que versait, sur ces nobles infortunes, un certain M...... qui devait être ministre de la Régence et qui fut un des grands personnages qui se chargèrent de consolider la République....

### CONFIANCE ET MODÉRATION DU PEUPLE.

La partie du Peuple présente à la Chambre nomma et le Peuple accepta tacitement, pour membres du Gouvernement provisoire, *Dupont (de l'Eure), Lamartine, Arago, Marie*, etc., etc.. — Ce n'étaient pas là des démagogues, des anarchistes !....

C'était bien faire preuve de confiance et de modération !....

Et la modération était telle que le Peuple désapprouvait toute critique, tout avertissement, toute observation.

Par exemple, quand, le 29 février, nous crûmes, dans notre dévoûment à la cause des Travailleurs, ne pouvoir nous dispenser de présenter au Gouvernement provisoire, dans le *Populaire*, quelques avis bienveillans, nous sûmes que des murmures, provoqués peut-être, s'étaient élevés contre nous de la part de ceux qui devaient être nos meilleurs amis.

Et maintenant, comme on doit reconnaître notre clairvoyance et notre courage !

### MÉNAGEMENT POUR LE PEUPLE.

Le Gouvernement provisoire se fit d'abord bien petit, bien humble, bien soumis et bien respectueux envers le Peuple, qu'il présentait comme bien grand et bien respectable.

Il reconnut, dans ses proclamations, que le Peuple était le *souverain :* qu'il venait d'être nommé par lui et pour lui, dans son intérêt ;

qu'il tenait de lui ses pouvoirs; qu'il n'était rien que par le consentement et même par le COMMANDEMENT du Peuple.

### PROMESSES FAITES AU PEUPLE.

Dans ses proclamations, le Gouvernement provisoire prodigue au
Peuple les espérances et les promesses.....

Il proclame la *Révolution* et promet d'en réaliser toutes les conséquences.

Il proclame la *Démocratie*, la souveraineté du Peuple, même la
*République* démocratique.

Il proclame les principes de *Liberté*, *d'Egalité*, de *Fraternité*, en
ordonne l'inscription sur tous les monumens publics, et en promet
( qu'on ne l'oublie jamais ) les conséquences, les développemens et les
applications.

Il proclame même qu'il prendra *le Peuple* pour *devise* et pour *mot
d'ordre*.

Puis, développant et appliquant ces principes et ces promesses, il décrète: 1° Que tous les citoyens feront partie de la garde nationale, seront armés, et concourront librement et réellement au choix de leurs
officiers ; 2° que les deux Chambres sont dissoutes et qu'il est convoqué
une *Assemblée nationale* pour faire une *Constitution ;* 3° que ie *suffrage* est *universel*, que tous les citoyens sont électeurs, et que tous
concourront librement et réellement à l'élection de l'Assemblée pour
qu'elle soit vraiment *nationale*.

Il garantit aussi : 4° La liberté d'association, de réunion et de discussion publique ; 5° la liberté de la Presse, sans cautionnement ni timbre.

Enfin, il entre tout à fait dans la voie des Réformes sociales ou du
*Socialisme* en créant au Luxembourg, une *Commission pour l'organisation du travail*, en garantissant par un décret le *droit au travail*,
en ordonnant la création *d'ateliers nationaux* et en en créant réellement pour plus de cent mille ouvriers.

### ENGAGEMENT IRRÉVOCABLE ET ABSOLU.

Toutes ces promesses, toutes ces concessions ou plutôt toutes ces
reconnaissances et toutes ces garanties, étaient conformes aux vœux du
Peuple depuis cinquante ans, aux vœux des Socialistes et de tout le Parti
populaire.

Le Peuple les demandait, les voulait , les exigeait du Gouvernement
provisoire, qui n'était que l'organe, le proclamateur et l'exécuteur de sa
volonté.

Si cette volonté lui paraissait injuste, il était parfaitement libre de refuser le mandat de déposer sa mission et de quitter son poste, comme, de son côté, le Peuple était parfaitement maître de lui substituer un autre Gouvernement plus homogène et plus identique avec lui-même, Peuple.

Ce n'est donc pas une plaisanterie, un jeu, une comédie, une farce, qui sont intervenus entre le Peuple et le Gouvernement provisoire, c'est un *contrat*, un *engagement*.

Et ce contrat est bien autrement sérieux, bien autrement grave, bien autrement obligatoire qu'un acte notarié, une lettre de change, un billet à ordre, une facture, une police d'assurance.....

C'est un engagement irrévocable, absolu, sacré !...

Voyons maintenant l'exécution.

### DIVISIONS DANS LE GOUVERNEMENT.

Malheureusement le Peuple, qui n'a ni expérience, ni lumière pour composer un Gouvernement, choisit le 24 février (et encore ce n'est qu'une petite portion du Peuple qui choisit à la hâte dans un moment de confusion) des hommes du *National* avec des hommes de la *Réforme*... Et ceux-ci, depuis longtemps rivaux, ennemis, qui se sont outragés et profondément blessés, consentent à former ensemble le Gouvernement provisoire.

C'est donc une *Coalition* plutôt qu'un gouvernement.

De là tout le mal, tous les malheurs, bien faciles à prévoir, et presque inévitables.

Car ce serait un miracle si l'accord nécessaire et l'unité existaient entre des ennemis qui se méprisent et se détestent, et si au contraire ces ennemis ne conspiraient pas continuellement les uns contre les autres pour s'exclure ou se paralyser.

Aussi, tandis que le Parti de la *Réforme* veut du mouvement, le Parti du *National* veut de la *Résistance*.

Malheureusement encore, plutôt que de s'appuyer sur d'autres influences populaires, jaloux, envieux, égoïste, exclusif, aspirant peut-être à quelque dictature personnelle, le Parti de la *Réforme* préfère ruser avec le Parti du *National*, le ménager, lui faire des concessions et temporiser en manœuvrant en secret contre lui.

Il souffre que, dès le début, le *National* ait la *majorité*, faute immense qui peut tout perdre.

Il lui abandonne la mairie de Paris avec ses quatorze mairies d'arrondissement, par conséquent la direction de la population, l'organisation de la Garde nationale parisienne et les élections de la capitale pour l'Assemblée nationale.

Il souffre que le Gouvernement se disperse dans les ministères au lieu de rester toujours réuni, dispersion qui facilite toutes les intrigues et toutes les machinations.

Si ces fautes monstrueuses entraînent des calamités pour le Peuple, c'est le Parti de la *Réforme* qui doit plus spécialement en être responsable, parce que c'est lui qui avait plus énergiquement poussé à la Révolution, qui avait plus particulièrement la confiance du Peuple, et qui avait plus formellement pris envers lui l'engagement de le défendre et de consolider la République.

Mais que ce soit la *Réforme* ou le *National* qui ait commis le plus de fautes et que ces fautes soient plus ou moins inexcusables, ce n'est pas la question que nous voulons examiner ici : nous consentons même à ne voir dans tous les torts du Gouvernement provisoire qu'un *malheur*, et nous ne voulons que chercher le moyen d'y remédier, en constatant franchement la vérité.

### SYSTÈME DE RÉSISTANCE OU DE BOURGEOISIE.

Le malheur est que, en 1840, le *National*, et surtout *J. Bastide* et *A. Marrast*, se soient intimement liés avec *Thiers* pour soutenir son projet d'embastillement.

Le malheur est que Buchez, intimement lié avec J. Bastide, a la conviction que le *Jésuitisme* est le salut de l'Humanité, qu'il a entraîné dans ses opinions J. Bastide, Trélat même, dit-on, les principaux rédacteurs de l'ATELIER, et que tous ensemble sont de zélés collaborateurs des Jésuites et du Clergé, qui disposent des Ouvriers enrégimentés sous les bannières de saint Vincent de Paul, de saint François Xavier, etc.

Le malheur est que ce Parti du *National*, avec les Garnier-Pagès, les Marie, etc., inclinent pour la *Bourgeoisie* et pour la *résistance*.

Quelques-uns de ses chefs seraient-ils secrètement liés avec Thiers et voudraient-ils favoriser la Régence ? Ce serait un malheur bien plus grand ! Mais nous l'ignorons complètement ; tout ce que nous savons, c'est que, si la chose existait, beaucoup de faits qui paraissent inexplicables se trouveraient expliqués.

Voici un autre malheur plus certain.

### LE GOUVERNEMENT REPOUSSE LES SOCIALISTES.

Les *Socialistes*, et particulièrement les Communistes, sont essentiellement Démocrates et Républicains ; ce sont les Républicains les plus progressistes, les plus avancés, les plus populaires, ceux qui veulent réaliser la Fraternité, l'Égalité et la Liberté, ceux qui veulent surtout faire disparaître la misère en assurant au Peuple le travail, l'existence et le bien-être.

Le Gouvernement provisoire devrait être, sinon Communiste, au moins socialiste, puisqu'il se proclame *Républicain-Démocrate*, et qu'il est impossible d'être tel si l'on n'est pas socialiste.

Il devrait être socialiste puisque ses membres (du *National* et de la *Réforme*) ont toujours déclaré qu'ils ne voulaient des Réformes *politiques* que pour arriver à des Réformes *sociales*.

Il devrait être Socialiste et il l'est puisqu'il adopte le principe de la Fraternité et de l'Égalité, et puisqu'il décrète le *droit au travail*, l'organisation du travail et des *Ateliers nationaux*.

Cependant il paraît que *Louis Blanc*, qui demande et obtient ce décret, est seul vraiment Socialiste dans le Gouvernement.

Tous les autres, qui, dans le *National* et dans la *Réforme* ( Ledru-Rollin, Flocon, les Arago, Caussidière) ont toujours été d'accord pour faire la guerre au *Communisme*, continuent à être d'accord pour continuer cette guerre, en l'étendant même au *Socialisme*.

Mais, dira-t-on, c'est une inconséquence, une contradiction, une folie, une violation de toutes les promesses solennellement faites dans les proclamations!... — Oui, sans doute, et c'est un malheur !

C'est un malheur d'autant plus grand que le Peuple ne s'en aperçoit pas d'abord, qu'il croit le Socialisme triomphant parce qu'on a laissé *Louis Blanc* présider, au Luxembourg, une Commission pour l'Organisation du Travail, et qu'on ne parle pas d'abord de *Socialisme* et de Socialistes, mais seulement de *Communisme*, contre lequel on exploite ou l'on excite habilement les préventions en le calomniant et en le défigurant...

### ON EXPLOITE LA PRÉVENTION CONTRE LE COMMUNISME.

Avant la Révolution, Louis-Philippe, son ministère, ses fonctionnaires publics et le Clergé calomniaient et persécutaient le Communisme, surtout notre Communisme Icarien basé sur la Fraternité et l'Égalité.

Le *National* et la *Réforme* faisaient cause commune avec eux.

Cependant, quelques journaux prenaient sa défense.

Mais, après la Révolution, le *National* et la *Réforme* continuent la guerre.

Et cette guerre est bien dangereuse; car non seulement les persécuteurs ont le pouvoir avec tous ses moyens secrets, mais ils ont leurs anciennes organisations dans les départemens, leurs anciens comités électoraux, avec le concours et l'appui de tous les riches, de tous les propriétaires et de tous les prêtres.

## RÉACTION.

Si le Gouvernement provisoire était franchement démocrate et populaire, les trois Partis, Légitimiste, Bonapartiste et Orléaniste, ne pourraient avoir l'espérance d'ébranler la République, et se résigneraient à l'accepter. Quel bonheur alors !

Mais les divisions du Gouvernement provisoire, ses incertitudes, sa faiblesse, ses fautes, sa répulsion des Socialistes et des Communistes, les tendances du Parti du *National* vers la Bourgeoisie, vers la Résistance, vers les Jésuites, et peut-être de la part de quelques-uns vers la Régence, rendent l'espoir aux trois Partis ennemis de la République ; Thiers dit qu'il est possible d'*escamoter* la Révolution ; et la *Réaction* commence, guettant attentivement toutes les fautes du Gouvernement provisoire pour en profiter.

Elle ne néglige rien pour s'emparer de la Garde nationale, de la Garde mobile et de l'Assemblée nationale.

## GARDE NATIONALE.

C'est la Mairie de Paris, c'est-à-dire Garnier-Pagès d'abord, puis A. Marrast avec Buchez, Recurt et Pagnerre, c'est-à-dire le Parti du *National*, qui prépare les élections.

On conserve ou l'on nomme des maires et des employés dévoués à la Bourgeoisie, qui ne négligent généralement aucun des petits moyens propres à dégoûter le Peuple, à paralyser l'enrôlement, l'habillement, l'armement et l'organisation.

Le *National* fait tout pour faire donner les grades à ses hommes et pour exclure les Socialistes et les Communistes. *Êtes-vous Communiste? A bas les Communistes !* C'est le mot d'ordre adopté par le *National* et par la Réaction ; et leur coalition est si bien combinée que les meilleurs Républicains sont exclus comme Communistes ; ceux qui sont élus par exception seront bientôt destitués arbitrairement et anarchiquement par la Réaction, du consentement du *National* ou du moins sans désapprobation.

Et c'est le *National*, c'est la Bourgeoisie, c'est la Réaction, qui dominent sur la Garde nationale !

Nous n'incriminons pas, nous racontons.

### GARDE MOBILE.

C'est le maire de Paris, c'est-à-dire le Parti du *National*, qui l'organise, et qui n'épargne rien pour qu'il puisse en disposer dans son intérêt... On y admet des jeunes gens de dix-sept ans, cette masse qu'on appelle les *enfans de Paris*, toujours prêts à se battre sans avoir beaucoup d'instruction politique, et qui vont se trouver heureux d'être bien payés, bien habillés et bien caressés par la Bourgeoisie.

### 16 AVRIL. — CRIS DE MORT CONTRE LES COMMUNISTES.

Le 17 mars, une *adresse* présentée au Gouvernement provisoire, pour lui exprimer des craintes sur sa marche au nom de 200,000 ouvriers qui se rendent pacifiquement et majestueusement à l'Hôtel-de-Ville, donne quelques inquiétudes au Parti du *National*.

Le 16 avril, une autre réunion de Travailleurs de plus de 100,000, au Champ-de-Mars, sous les auspices de Louis Blanc, inquiétant à la fois le Parti du *National* et celui de la *Réforme*, les deux Partis se mettent d'accord pour appeler la Garde nationale ou la Bourgeoisie, ou la Réaction, et la Garde mobile, contre le Peuple, en prenant pour prétexte que ces Ouvriers sont des *Communistes* et en faisant crier *à bas les Communistes, mort aux Communistes, mort à Cabet* soit par la Garde nationale sous les armes, soit par la Garde mobile, soit par une partie de la population égarée.

Tout indique que les deux Partis qui se partagent le Gouvernement provisoire se sont mis d'accord pour faire pousser ces cris de proscription, car la Police secrète du Parti de la *Réforme* avait déjà attaqué publiquement les Communistes, et, après le 16, Ledru-Rollin ne craignit pas de les attaquer dans un bulletin placardé, et de se vanter, à la tribune, d'avoir fait battre le rappel contre eux, en leur déclarant la guerre comme à des *sectaires*.

Si par hasard ce n'était pas le Gouvernement provisoire qui eût fait pousser ces cris, il aurait toujours certainement souffert qu'on les poussât en sa présence et dans tout Paris.

C'est monstrueux d'iniquité, de violence et d'anarchie, mais c'est vrai et c'est un effroyable malheur ; car la Réaction s'empresse de se rendre à l'appel du Gouvernement provisoire contre les Communistes, en se réservant de pousser bientôt le même cri contre les Socialistes, puis contre le Gouvernement provisoire lui-même, contre tous les Démocrates et tous les vrais Républicains.

Nous n'examinons pas si c'est un crime ou une faute de la part du Gouvernement provisoire : c'est certainement la violation des promesses et des engagemens envers le Peuple; c'est un divorce avec le Peuple pour faire alliance avec la Bourgeoisie ou la Réaction; c'est un malheur dont le reste sera la funeste conséquence.

## ASSEMBLÉE NATIONALE.

Le mot d'ordre, *Mort aux Communistes*, donné à Paris le 16 avril, est répété pour les élections, non-seulement dans la capitale mais dans tous les départemens.

C'est sous cette influence réactionnaire que les Représentans vont être élus le 23 avril.

Ledru-Rollin recommande publiquement de les exclure de l'urne électorale; ses Commissaires les excluent publiquement et les signalent comme des ennemis du Peuple.

*Trélat*, du *National*, nommé Commissaire par Ledru-Rollin, repousse *Pierre Leroux* comme Socialiste.

La Police secrète de Ledru-Rollin et de *Lamartine* emploie tous les moyens pour repousser *Cabet*.

Il n'y a pas le moindre doute que tout le Gouvernement provisoire, le Parti de la *Réforme* comme celui du *National*, est d'accord avec la Réaction pour exclure des élections les Communistes et les Socialistes, c'est-à-dire les Républicains les plus dévoués aux intérêts populaires.

A Paris surtout, la Mairie ne prend aucune précaution pour empêcher la fraude; tout, au contraire, la rend facile et semble combiné pour la faciliter.

Il en est à-peu-près de même dans les départemens.

Le Parti du *National* et celui de la *Réforme* ne semblent occupés qu'à assurer, par tous les moyens, l'élection de leurs amis et de leurs agens.

On s'écriera peut-être que c'est un crime de la part du *National* et de la *Réforme*, et que c'est même de la démence : c'est possible; mais nous ne voulons y voir qu'un affreux malheur.

La Réaction, les anciens Seigneurs et les Prêtres savent bien profiter de tous les avantages qu'on leur donne.

Aussi, jamais peut-être les élections n'ont été si patemment viciées par la fraude et escamotées.

Le vote de la Garde mobile, de l'Armée, des Ateliers nationaux, sous la direction de la mairie, suffisent pour les dénaturer.

On pourrait dire même que ce sont les scrutateurs et non les électeurs qui généralement font l'élection.

Aussi, les Ouvriers en sont exclus comme les Socialistes.

Les hommes du *National* y sont même en minorité; et c'est la
Réaction ou la contre-révolution qui règne.

Quel dénouement !

Si les élections étaient loyales et sincères, quelle que fût la composi-
tion de l'Assemblée nationale, il faudrait s'y soumettre sans résistance
et sans murmure, puisque ce serait la volonté de la Nation.

Mais ici, on ne peut pas s'empêcher de le dire pour être vrai, les
élections ne sont pas loyales et légitimes, et l'Assemblée n'est pas vraiment *nationale*...

On crie très haut que cette Assemblée est *le triomphe du suffrage
universel :* mais il faudrait plutôt dire qu'elle en est la violation ou
l'abus.

On pourrait dire aussi qu'elle est le triomphe de la ruse et de la
fraude.

C'est un grand malheur : mais triomphe de la ruse ou triomphe de la
force, ce n'en est pas moins un triomphe qui peut tout décider et perdre la République.

Il est vrai que si le Peuple congédiait l'Assemblée, il jouirait aussi de
son triomphe.

Et si l'Asemblée était congédiée, les applaudissemens ne manque-
raient pas à son expulsion, et l'histoire ne parlerait pas beaucoup d'elle.

Mais elle veut se conserver; et l'un de ses premiers soins, c'est de
s'appuyer sur la Garde nationale, qui lui gagnera la Garde mobile et
l'armée.

Et d'abord elle congédie le Gouvernement provisoire pour s'emparer
elle-même de la Dictature et nommer une simple *Commission*.

### FIN DU GOUVERNEMENT PROVISOIRE.

Le Parti de la *Réforme* est presque annulé, et c'est avec peine que
Ledru-Rollin se trouve élu Représentant.

Le Parti du *National* paraît satisfait d'abord et triomphant, parce que
tous ses hommes principaux (dont beaucoup n'auraient jamais pu arriver
sans la Révolution faite par le Peuple) sont ravis de se trouver dans
l'Assemblée nationale.

Cependant, tous ceux d'entre eux qui ne sont pas des traîtres, d'accord avec Thiers pour désirer la Régence, commencent à craindre la

Réaction qui peut les déborder et les entraîner, tandis que ceux de la *Réforme* commencent à se croire personnellement menacés.

Néanmoins le Gouvernement provisoire livre tout, la Révolution, la République et le Peuple, à l'Assemblée nationale ou à la Réaction, qui, sans lui demander aucun compte réel, déclare qu'il a bien mérité de la Patrie.

Mais l'histoire, que déclarera-t-elle ?

En admettant qu'aucun de ses membres ne s'est rendu coupable d'une trahison formelle en travaillant pour la Régence ou pour Henri V contre la République qu'il avait juré de servir, ne dira-t-elle pas qu'il s'est, en masse, rendu coupable de trahison en violant ou laissant violer toutes ses proclamations, toutes ses promesses, tous ses engagemens, tous ses décrets ?

Ne dira-t-elle pas du moins qu'il n'a montré ni franchise, ni grandeur, ni prévoyance, ni capacité, et qu'il n'a su chercher sa force, pour prolonger son existence, que dans de misérables intrigues et d'odieuses manœuvres de police ?

Ne sera-t-elle pas sévère contre ces mensonges, ces calomnies, ces persécutions et ces proscriptions dirigées contre les meilleurs amis de la République et du Peuple ?

Ne l'accusera-t-elle pas de lâcheté lorsqu'elle le verra souffrir que la Réaction attaque et flétrisse presque tous ses actes en sa présence sans qu'il ait le courage de les défendre ?

Le Peuple ne peut-il pas l'accuser de trahison lorsqu'il le voit souffrir que la Réaction annulle tous ses décrets populaires sans qu'il se donne la peine d'ouvrir la bouche pour dire un mot en leur faveur ?

Ne pourra-t-il pas le rendre *responsable* de tout le mal qui se sera fait ?

Et quand ses fautes auront entraîné tant de calamités en France et en Europe, ne sera-t-il pas possible que sa mémoire devienne un objet d'exécration et de malédictions ?

Pour nous, nous ne voulons y voir qu'un malheur, auquel il faut bien se résigner, en s'efforçant néanmoins de le diminuer et de le réparer autant que possible.

### COMMISSION EXÉCUTIVE.

Composée de cinq membres du Gouvernement provisoire (Arago, Marie, Garnier-Pagès, Lamartine et Ledru-Rollin), tandis que Marrast reste Maire de Paris, que les autres membres sont Ministres et que Buchez est Président de l'Assemblée nationale, cette Commission est la continuation du Gouvernement provisoire.

4

Arago (chose inconcevable), Marie et Garnier-Pagès y continueront le Parti de la Résistance, tandis que Lamartine et Ledru-Rollin n'y feront du mouvement que contre le Peuple.

On peut dire que cette Commission devient réactionnaire !

Lamartine, Arago, Ledru-Rollin, marcheront contre le Peuple, le 15 mai, à la tête de la Garde nationale, pour défendre l'Assemblée nationale, c'est-à-dire avec la Réaction pour défendre la Réaction.

Quel étrange spectacle !

Puis, au 23 juin, Arago et Lamartine marcheront contre les barricades, tandis que Marie et Garnier-Pagès les foudroieront depuis la tribune.

Néanmoins, après avoir profité de leur appui pour triompher, la Réaction, qui les suspecte encore et qui les menace en les méprisant, les destituera tacitement en conférant la dictature militaire à un général qui consentira à mitrailler le Peuple pour consolider enfin l'Assemblée nationale.

Quelle mort pour tous ces hommes du Gouvernement provisoire et de la Commission exécutive !

Mais nous répéterons toujours, quel malheur pour la République et pour le Peuple !

## JOURNÉE DU 15 MAI.

Y a-t-il un complot formel pour dissoudre l'Assemblée nationale le 15 mai, pour nommer un nouveau Gouvernement provisoire, et pour convoquer une nouvelle Assemblée vraiment *nationale?* — Nous l'ignorons. Tout ce que nous savons, c'est que si la chose se fût réalisée, le Peuple aurait applaudi.

En cas de complot, quelques membres de l'ancien Gouvernement provisoire et de la Commission exécutive y auraient-ils trempé? — Nous l'ignorons encore, quoique la Réaction en accuse ou en soupçonne plusieurs ; et si c'était vrai, ce serait de la démence d'avoir voulu faire par des moyens de police et par des machinations ténébreuses ce qu'on pouvait faire franchement, régulièrement, populairement et nationalement avant les élections.

Quoi qu'il en soit, il paraît que le Peuple approuve l'expulsion, que la Garde mobile et la Ligne se joignent au Peuple, que l'Assemblée se résigne à la dissolution, que la Garde nationale elle-même s'y résigne aussi, et que la Réaction est vaincue quelques jours après avoir été victorieuse.

Mais tous ces hommes qui se vantaient tant d'être de vrais Révolutionnaires, s'arrêtent à parler quand il faudrait agir, et, avec tous les moyens de succès entre leurs mains, perdent tout par une incapacité qu'on prendra pour de la folie chez les uns et de la pusillanimité chez les autres.

La Réaction armée, appelée par les hommes du *National*, accourt pour réinstaler la Réaction délibérante ; et l'échauffourée du 15 mai ne sert qu'à déconsidérer et à désorganiser la Révolution, à démontrer à l'Assemblée le danger qui menace son existence, et à lui faire prendre tous les moyens qui peuvent la consolider.

## RAPPEL DE L'ARMÉE.

Immédiatement après la Révolution de février, le Parti populaire demanda l'éloignement de l'armée. Ce n'était pas par haine ou pour insulte ; car au contraire le Peuple désirait fraterniser avec elle. C'était par principe démocratique, par prudence, dans l'intérêt commun des soldats comme des ouvriers, parce qu'on ne sait que trop que la discipline militaire expose le soldat à n'être qu'un instrument aveugle du Pouvoir quand même celui-ci serait un ennemi de la liberté.

Mais, au mépris des principes et du vœu populaire, le Gouvernement provisoire a rappelé des troupes sous le prétexte de soulager la Garde nationale.

C'est Ledru-Rollin (on aura peine à le croire un jour) qui, dès le 17 mars, a demandé l'armée sous le prétexte de la faire fraterniser avec le Peuple !

Et bientôt l'Assemblée ou la Réaction fera venir 100,000 hommes à Paris, même des troupes d'Alger, avec presque tous les Généraux d'Afrique, auxquels la Garde nationale prodiguera toutes les caresses, tandis que l'Assemblée fera briller le pouvoir à leurs yeux et leur prodiguera toutes les promesses.

## DÉCRET CONTRE LES RÉUNIONS POPULAIRES.

Si la République réalisait ses promesses, le Peuple serait content et n'aurait pas tant besoin de réunions.

S'il se réunissait pour discuter et s'instruire, ses réunions n'auraient rien de désordonné, rien d'hostile et d'inquiétant pour son Gouvernement.

La République démocratique devrait même désirer et provoquer ces réunions en les facilitant, en procurant de vastes salles.

Mais la Réaction inquiète, mécontente et irrite le Peuple ; et quand celui-ci, pressé par l'impérieux besoin de veiller à son salut, se réunit dans la rue et sur la place publique (puisqu'il n'a pas d'autre place) pour discuter ses intérêts, la Réaction crie au *désordre*, ne parle plus que de la nécessité d'avoir l'*ordre*, de rétablir l'*ordre*, et d'empêcher tout ce qui peut troubler l'*ordre*.

Et c'est Marie, du *National*, du Gouvernement provisoire et de la Commission, qui présente un décret contre les rassemblemens.

Et c'est en vain qu'une voix s'écrie qu'on déshonore la République.

Et c'est Marrast, homme du *National*, qui fait exécuter le décret comme Maire de Paris !

On est loin de la proclamation dans laquelle on déclarait qu'on acceptait le pouvoir par le *commandement du Peuple* !

On devine aisément l'irritation populaire !

### ATELIERS NATIONAUX.

Plus de cent mille Ouvriers, privés de tout travail dans les manufactures et dans les ateliers ordinaires, trouvent là de l'occupation et reçoivent un salaire à peine suffisant pour eux, mais très onéreux pour le trésor public.

C'est le Parti du *National* qui les organise.

S'ils sont mal organisés, si le travail est mal choisi et stérile, ce n'est pas leur faute ; c'est celle du Parti du *National* qui les organise mal, et du Parti de la *Réforme* qui les laisse mal organiser.

Du reste, on peut corriger et perfectionner leur organisation.

Mais comme nous l'avons prouvé tout-à-l'heure, leur existence est un engagement irrévocable, absolu, sacré.

Et si le décret qui garantit au Peuple l'existence de ces ateliers n'était pas obligatoire pour l'Assemblée nationale et pour sa Commission exécutive, le décret qui donne l'existence à cette Assemblée et à cette Commission ne serait pas plus exécutoire pour le Peuple.

Les décrets du Gouvernement provisoire sont tous valables et obligatoires ou tous nuls.

Si le Gouvernement était réellement républicain et populaire, ces Ateliers nationaux n'auraient rien d'inquiétant pour lui et seraient au contraire un appui pour la République en modifiant leur organisation pour la perfectionner.

Mais pour la Réaction, quand même ils seraient parfaitement organisés, c'est nécessairement du désordre et un danger, comme les Clubs et les journaux en sont aussi.

Un banquet de 200,000 Ouvriers, à 25 centimes, pour le 14 juillet, dans lequel la Garde mobile et l'armée pourraient trop fraterniser avec le Peup'e, donne une vive inquiétude.

On craint que le Parti populaire, éclairé par ses fautes passées, ne s'organise mieux enfin et n'acquierre dans l'union une force irrésistible ; on s'effraie de voir le Peuple, qui, au 16 avril et au 15 mai, criait ; Mort aux Communistes, se concerter et s'entendre pour élire désormais des Socialistes en invoquant la *République démocratique et sociale* ; on craint que plus on attendra plus le triomphe définitif de la Réaction sera difficile et douteux ; on prend la résolution, non-seulement d'empêcher les organisations nouvelles et d'empêcher l'amélioration des anciennes, mais même de les dissoudre.

Il *faut en finir*, il faut leur donner *une leçon*, est le cri général dans la Réaction ; et i'on commence par entreprendre la dissolution des *Ateliers nationaux*.

Nous l'avons dit, dissoudre les Ateliers nationaux est la violation d'un engagement sacré, c'est un coup d'État contre les Travailleurs, c'est un acte de contre-révolution ; et si le Peuple résiste, s'il est vainqueur. l'histoire ne verra pas plus un crime dans sa victoire que dans celle du 24 février.

Ce sera donc une question de force, cette insurrection du 23 juin, laquelle nous voici arrivés.

---

# INSURRECTION DU 23 JUIN.

Relisez maintenant les seize premières pages ; car c'est la base de qui va suivre, et ce qui suit n'en sera que le complément.

### PROVOCATIONS A L'INSURRECTION.

Trois Prétendans ou plutôt leurs Partis et la Réaction elle-même, ont provoqué l'insurrection,

Personne n'ignore que, depuis 1789, la tactique du Parti *légitimiste* a été de pousser à l'insurrection et aux excès pour arriver à son but. Depuis 1830, il pousse à la République pour renverser plus facilemen Louis-Philippe ; et depuis l'expulsion de Louis-Philippe , il pousse aux excès, aux divisions, aux émeutes , à la guerre civile, pour tâcher de détruire la République et de rétablir son Henri V.

Et pour provoquer à l'insurrection, il essaie d'abord d'amener la *misère* en ruinant le commerce et l'industrie, en supprimant ses dépenses et le travail.

Oui, ce sont les manœuvres du Parti légitimiste qui sont cause de la misère, et c'est lui qui attribue cette misère à la République pour la faire détester !

Et quand, après avoir longtemps retiré ses capitaux de la circulation, il s'est acquis le double avantage d'avoir beaucoup de malheureux que la misère dispose à se vendre et un gros trésor pour les acheter ; alors il prodigue l'or et l'argent pour faire des insurgés.

Il a même des agens qui commencent l'émeute, la barricade, le feu, et qui se retirent quand assez d'autres sont arrivés pour continuer l'affaire.

On commet même encore quelques violences pour irriter les combattans des deux Partis engagés, pour les faire exterminer l'un par l'autre et pour s'avancer ensuite sur leurs cadavres.

C'est trop odieux, dira-t-on ! — Mais c'est l'histoire du passé, c'est l'histoire des guerres civiles.

Quoi qu'il en soit, il est certain que le Parti légitimiste a eu ses agens et son drapeau dans l'insurrection, et qu'il a distribué de l'or, des armes et des munitions.

Il en est de même du Parti *Orléaniste* et du Parti *Bonapartiste*.

Ces trois Partis travaillaient, préparaient, guettaient depuis longtemps le moment favorable.

Leur action s'était manifestée sans laisser aucun doute.

On peut indiquer leurs camps et leurs armées.

La partie la plus fougueuse de la Réaction, poussait aussi à l'émeute, croyant qu'il serait facile de lui donner une *leçon* et d'en *finir* avec la République.

Peut-être même, quelques membres du Gouvernement provisoire et de la Commission étaient-ils du nombre de ceux qui parlaient de donner une *leçon* aux Ouvriers de *Lyon* et de *Paris*.

Et d'un autre côté, si l'insurrection a été provoquée ou encouragée par quelques chefs du Parti vraiment Républicain, pour expulser la Réaction, qui peut affirmer qu'il n'y a là aucun membre du Gouvernement ?

Par conséquent, s'il y a des coupables, ce ne sont pas les malheureux insurgés, mais les Prétendans, les chefs de Parti, les provocateurs, qui sont les plus coupables; et tant qu'on ne poursuivra pas les Prétendans ou les chefs de leurs Partis, il n'y aura pas de justice dans les autres poursuites.

## VÉRITABLES CAUSES DE L'INSURRECTION.

Nous écartons toutes les calomnies.

Le Général Cavaignac l'a dit, ce sont *les Ouvriers des Ateliers na-tionaux* qui ont fait l'insurrection, et l'idée de l'insurrection n'a pris naissance que quand l'Assemblée a parlé de les *dissoudre*.

Par conséquent, c'est la dissolution des Ateliers nationaux qui est la principale cause, la cause déterminante de l'insurrection.

Ces Ateliers nationaux étaient un remède au manque de travail, au chômage, à la misère, qui tourmentaient depuis longtemps la masse ouvrière et qui avaient déjà causé la révolution de Février.

La création de ces Ateliers avait été le premier vœu des Ouvriers, la première concession à eux faite par le Gouvernement provisoire, le premier engagement pris envers eux, le premier droit acquis; pour eux c'était la Révolution et la République.

Dissoudre ces Ateliers nationaux, c'était donc à la fois violer un en-gagement, détruire la République et la Révolution, ramener le chômage et la misère, pousser les Travailleurs au désespoir.

L'Assemblée elle-même a reconnu dans ses proclamations que les in-surgés étaient entraînés par la crainte de manquer de *travail*, par la *misère* et la *faim*.

Le Général Cavaignac a de même reconnu, dans ses proclamations, que les insurgés entendaient se battre dans l'intérêt des *ouvriers*, pour avoir du travail.

C'était une guerre *sociale*, comme l'a dit encore le Général Cavai-gnac, une guerre pour le travail et la vie, plutôt qu'une guerre *politi-que*.

C'était la guerre au cri de *Vivre en travaillant* ou *Mourir en com-battant*.

Les provocations des Prétendans, l'or répandu par eux (et que beau-coup acceptaient en restant Républicains), ont bien pu faciliter et hâter l'insurrection; les progrès de la Réaction, l'escamotage électoral, les engagemens pris par beaucoup de colonels et d'officiers de la Garde nationale à l'époque des candidatures de marcher contre l'Assemblée si elle était contre-révolutionnaire, la dissolution prononcée contre celle-ci le 15 mai parce qu'elle paraissait organisée pour la contre-révolution, la violence de la Réaction après cette journée, le décret contre les réunions populaires et les attroupemens, etc., etc., ont bien pu faciliter et hâter l'insurrection. Mais sa cause principale et déterminante, c'est, nous le répétons, la dissolution des Ateliers nationaux.

Le Général Cavaignac a même dit, à la tribune, le 3 juillet, qu'il y aurait eu une *seconde insurrection* après la défaite de la première, si l'on avait dissous ces Ateliers nationaux sans leur assurer des secours momentanés dans les Mairies.

Si quelque circonstance a puissamment contribué à l'insurrection, ce sont les injures et les outrages sortis de l'Assemblée contre les Ateliers nationaux, qu'on a traités de *fainéans*, de *forçats* et de *voleurs*; ce sont peut-être les provocations des Réacteurs qui voulaient en finir; ce sont plus particulièrement peut-être les réponses dures et impitoyables d'un membre de la Commission et d'un Ministre, tous deux hommes du *National*, envers ces malheureux Ouvriers, la veille de l'insurrection.

Qu'on ne dise donc pas que la Cause et le but de l'insurrection étaient l'*anarchie*, le *vol*, le *pillage*, le *partage* des terres, l'*abolition de la propriété et de la famille, l'incendie*, etc. : ce sont des calomnies, d'infâmes calomnies, qui déshonorent ceux qui les emploient.

Qu'on n'accuse pas non plus le Socialisme et le Communisme, en proclamant solennellement que leurs formules sont le vol, le viol, le pillage, l'incendie et le massacre, et que ces formules étaient proclamées sur les barricades : ce sont d'infernales calomnies, qu'il faut dénoncer à la France, à l'Europe et à la postérité !


En résumé, les trois Prétendans ont eu leurs bandes, qui se battaient dans leurs intérêts monarchiques contre la République; mais l'insurrection en masse était Républicaine, pour la *République démocratique et sociale* contre la Réaction, contre la Contre-Révolution, contre l'Assemblée et contre les trois Prétendans.

C'était la question du travail contre la misère, de la Révolution contre la Contre-Révolution, de la République contre la Monarchie, du Peuple contre la Bourgeoisie, du droit contre l'usurpation et la force.

Si le Peuple n'avait eu affaire qu'à la Garde nationale toute seule, c'est-à-dire, si la lutte n'avait eu lieu qu'entre la partie démocratique ou populaire et la partie bourgeoise et aristocratique de la Garde nationale, le succès de la lutte ne pouvait être douteux; et même toute lutte était impossible.

Mais c'est l'Armée et c'est la Garde mobile qui ont tout décidé en se rendant les instrumens de la Réaction contre la République, et de la Bourgeoisie contre leurs frères les Ouvriers.

### SYMPATHIES POUR LES OUVRIERS.

L'armée, en général, sympathisait plus avec le Peuple qu'avec la Bourgeoisie et la Réaction. Aussi, le 15 mai, la ligne avait-elle laissé envahir l'Assemblée nationale; et, après l'insurrection, on punira quelques corps qui n'auront pas voulu tirer sur le Peuple.

Jusqu'au 16 avril, la Garde mobile était traitée avec dédain par la Bourgeoisie de la Garde nationale, qui lui prodiguait toutes les injures: mais le 16 avril, la Garde nationale commence à crier *Vive la Garde mobile!* celle-ci se laisse entraîner à répondre *Vive la Garde nationale!* Puis la Garde nationale provoque la mobile en lui criant *A bas les Communistes! A bas Cabet!* et la mobile répète *A bas les Communistes! A bas Cabet!* ce qui n'empêche pas la mobile de laisser le Peuple envahir l'Assemblée nationale au 15 mai.

Et beaucoup de Gardes mobiles et de soldats se laissent fusiller par leurs camarades plutôt que de tirer sur le Peuple.

Quant à la Garde nationale, une si grande partie sympathise avec les insurgés, que après la défaite de l'insurrection, on licenciera et on désarmera trois légions, des bataillons et des compagnies dans d'autres et un grand nombre de Gardes nationaux dans presque toutes.

Des Gardes nationales de Départemens refusent de combattre et s'en retournent quand elles apprennent que les insurgés n'attaquent pas la République.

Et l'on peut regarder comme certain, que, si les insurgés avaient eu un plan, des proclamations, des Chefs connus et inspirant confiance, et un Gouvernement provisoire annonçant un programme républicain ferme et modéré, l'insurrection triomphait.

Il est probable même que l'armée, la Garde mobile, surtout la Garde républicaine et la moitié au moins de la Garde nationale se seraient prononcées pour l'insurrection contre la Réaction, et le sang n'aurait pas été répandu.

Aussi, quand une Garde nationale de Province qui se trouve Républicaine et qui paraît disposée à se joindre à l'insurrection, apprend qu'elle n'a pas de chefs, cette Garde nationale se retire, tandis qu'elle se serait unie si l'insurrection avait eu des chefs.

Aussi encore, l'Assemblée, effrayée, pense à fuir de Paris pour se retirer à Bourges, quand on vient lui donner la fausse nouvelle que

*Cabet* et d'autres (voyez ci-avant, pages 4 et 5) sont au milieu et à a tête des insurgés du faubourg Saint-Antoine.

Et l'on peut affirmer que, si l'insurrection avorte, c'est bien sa faute, tout comme au 15 mai.

## FAUTES DES INSURGÉS.

Recours aux armes quand l'opinion publique, dans la Démocratie, préférait la discussion et la propagande, quand on allait opérer dans les clubs et dans les journaux une réforme et une réorganisation qui pouvaient amener un triomphe pacifique; — Prise d'armes imprévue, surprenant tout le monde, excepté le Pouvoir, opérée sans événement général et déterminant, qui parlerait à tous également et en même temps; — Mouvement décidé par quelques ouvriers inconnus hors des Ateliers nationaux, sans expérience et sans capacité insurrectionnelle et révolutionnaire, dans un intérêt spécial et personnel (quelle responsabilité envers le Peuple pour ceux qui prennent sur eux une pareille décision!); — Mystère fait aux hommes les plus influens, les plus capables d'être chefs: — Aucun plan pour assurer le succès; — Aucune mesure prise pour désorganiser et paralyser l'ennemi; — Aucune proclamation pour faire connaître dans tout Paris la cause, le but, les moyens, les chefs, les forces de l'Insurrection; — Coalition ou mélange avec les Prétendans, qui peuvent trahir ou compromettre; — Mauvais système de rester sur la défensive, et de s'enfermer dans des barricades, au lieu de marcher en avant; — Toutes ces circonstances sont autant de *fautes* capitales qui ont entraîné la perte de la bataille, d'autant plus que les adversaires avaient tous les avantages contraires, unité d'action, plan, Général en chef ou dictateur, nombreux généraux sous ses ordres, Assemblée souveraine en permanence, faisant toutes les proclamations et tous les décrets nécessaires, état de siége, etc.

Si les meneurs n'avaient pas commis toutes ces fautes, si seulement l'Insurrection avait eu des Chefs connus et des proclamations, que de Républicains restés immobiles ou même acharnés contre elle, auraient combattu pour elle et déterminé la victoire en sa faveur!

Et malgré tous ces avantages d'un côté, et de l'autre toutes ces fautes, la bataille a duré quatre jours et la victoire a paru si longtemps douteuse que l'Assemblée a voulu fuir avec le Gouvernement. On dit même que le Général Cavaignac a pensé à se brûler la cervelle ou à se retirer dans les bastilles pour bombarder Paris, et qu'il a reconnu qu'il aurait été perdu s'il n'avait pas eu ses troupes venues d'Afrique.

Du reste, la victoire est le résultat de la ruse et du mensonge beaucoup plus que de la force.

## VICTOIRE PAR LA RUSE ET LE MENSONGE.

D'abord que de mensonges et de calomnies, depuis longtemps, contre les Communistes et les Socialistes !

Ensuite, que de caresses, de mensonges et de calomnies dans les *banquets* de la Réaction pour tromper et irriter l'armée et la Garde mobile contre les Ouvriers !

On les exalte par des applaudissemens et des vivats !

On les enivre même pour les mieux échauffer et les entraîner.

On les trompe en leur affirmant que les Insurgés sont des Carlistes et des Bonapartistes qui veulent renverser la République ; et ce mensonge a tant d'influence que des bataillons de la ligne et de la Garde mobile se précipitent en criant *Vive la République* !

Il n'y a pas de mensonges que la Réaction n'emploie, même dans ses proclamations, pour faire croire que les Insurgés ne sont que des *forçats* et des *voleurs*, des *Communistes* qui écrivent sur leurs drapeaux : *Pillage, viol, incendie, carnage.* « On ne peut pas, dit à sa troupe un of- » ficier supérieur qui vient de parlementer avec les Insurgés, on ne » peut pas traiter avec eux, car ils *demandent trois heures de pil-* » *lage* ! »

On leur fait même croire que les Insurgés sont des traîtres qui assassinent les généraux, qui fusillent leurs prisonniers, et qui commettent sur eux toutes sortes de cruautés, leur coupant la tête ou les mains, les sciant, etc.

On conçoit la fureur et la rage de ces Soldats et de ces jeunes Gardes mobiles, enivrés déjà, et qu'excite encore la douleur de voir tomber en foule leurs camarades et surtout leurs chefs, contre lesquels les Insurgés dirigent principalement leurs coups !

## COURAGE DES DEUX COTÉS.

Nous l'avons déjà dit (p. 7), des deux côtés, les combattans font des prodiges de courage.

La Garde nationale elle-même, quoique renfermant beaucoup de Bourgeois qui ne sont pas d'intrépides Soldats, a montré dans beaucoup de circonstances beaucoup de bravoure, et a supporté des pertes énormes.

Et la confusion est telle, dans les guerres civiles, qu'on expose souvent sa vie pour battre son propre Parti. C'est ainsi que l'artillerie de la Garde nationale, son colonel en tête, attaque bravement les Ouvriers tout en détestant la Réaction.

## MODÉRATION DES INSURGÉS.

Quelques individus, parmi les Insurgés, ont pu commettre quelques excès et ils ont été bien coupables envers leur propre Parti !

D'ailleurs les Partis des Prétendans, qui soudoyaient les plus violens, ont bien pu les pousser à des violences pour irriter les combattans, faire tuer les Républicains et déshonorer la République.

Mais en général, tous les bruits contre les insurgés étaient autant de faussetés et de calomnies.

On a dit qu'ils volaient, calomnie ; qu'ils pillaient, calomnie ; qu'ils incendiaient, calomnie ; qu'ils fusillaient leurs prisonniers, calomnie ; qu'ils les torturaient, calomnie !!!

Ils écrivaient sur leurs drapeaux *respect à la propriété* ! *mort aux voleurs* !

Ils refusaient de boire, pour que l'ivresse ne les exposât pas à commettre des violences !

Ils disaient seulement mourons en combattant, puisque la Société ne veut pas que nous vivions en travaillant.

Beaucoup s'écriaient : « Mieux vaut mourir d'une *balle* que de *faim* !»

Il est vrai qu'ils défendaient leurs barricades contre ceux qui venaient les attaquer, et qu'ils dirigeaient un feu meurtrier contre ceux qui leur apportaient la mort ; il est vrai que cette guerre civile est horrible.

Mais la responsabilité n'en est-elle pas à ce Gouvernement provisoire, à cette Commission exécutive, à cette Réaction, qui ont amené l'insurrection et compromis toutes les existences ?

Et puis, la Réaction commet bien d'autres violences !

### VIOLENCES DE LA RÉACTION.

D'abord, la Réaction déclare qu'elle ne *reculera* devant aucun moyen : ce sera la guerre avec toutes ses horreurs.

On disait que jamais Gouvernement ne ferait bombarder Paris, ne lancerait les soldats contre leurs frères..... On disait, après juillet 1830, que jamais Charles X ne pourrait rentrer dans la capitale ensanglantée par lui.....

Eh bien, les soldats vont fusiller et mitrailler les Ouvriers leurs frères qui demandent du travail, du pain, et la République démocratique et sociale ; la Garde mobile voudra exterminer, en faveur de la Réaction et de la Bourgeoisie, ses camarades des barricades de 1830 et de Février, restés fidèles à leur dévouement pour la cause populaire; la Garde républicaine tirera sur les Républicains les plus sincères; et la Bourgeoisie fera bombarder le faubourg Saint-Antoine et Paris entier s'il le faut pour le réduire en cendres ou l'écraser.....

Quel fléau que la guerre civile ! Qu'ils sont coupables, les Gouvernemens qui, par leurs injustices, amènent de si effroyables calamités ! Que nous avons raison, nous, Icariens, de préférer les réformes aux révolutions et la discussion à la violence !

Et encore, si l'on s'arrêtait aux terribles nécessités de la guerre !

Mais toutes les passions, irritées par l'ivresse, sont déchaînées parmi les défenseurs de la Réaction ; la vengeance et la fureur aveuglent; les horreurs de la rue Transnonain et de l'Afrique se renouvellent ; on vole, dit-on ; on viole, dit-on encore ; (et nous voudrions que ces bruits fussent faux, car les voleurs et les violeurs seraient des Français !) On fusille les prisonniers !...

On fusille les prisonniers sur place et même longtemps après et loin du champ de bataille !...

On fusille des prisonniers qui se rendent parce qu'ils croient qu'ils auront la vie sauve, parce qu'ils savent que c'est la loi de la guerre, parce que la peine de mort est abolie !...

S'ils pouvaient penser qu'on va les fusiller, ils se feraient tuer en combattant jusqu'au dernier soupir et feraient mordre la poussière, avant d'expirer, à des milliers de Gardes nationaux et de soldats.

Ce sont ceux qu'on appelait peut-être les *gamins de Paris* qui jugent, condamnent et exécutent des Ouvriers, des Gardes nationaux, des électeurs, des citoyens, qu'on appellerait les *héros de juin* si l'insurrection avait eu des chefs et des proclamations !

Des hommes que les insurgés avaient peut-être entraînés malgré eux et par force aux barricades sont ainsi condamnés et fusillés !...

Et c'est la République qui fusille ainsi les Républicains !...

Elle a aboli la peine de mort pour ne pas tuer ses ennemis, et elle tue ses amis !...

Elle l'a abolie pour épargner quelques têtes, et elle en fusille des milliers !...

Elle épargnerait des étrangers, et elle fusille ses enfans !...

Et les malheureux qui l'ordonnent ne réfléchissent pas que personne au monde ne peut garantir qu'il n'y aura plus d'insurrections; et que, à la première, les insurgés se feront tuer jusqu'au dernier plutôt que de se rendre, mais qu'alors la victoire coûtera bien autrement cher aux vainqueurs !...

Après de pareils excès, il faudrait au moins que la Réaction se montrât prudente, humaine, généreuse...

Mais au contraire, elle ne fait entendre que des cris de vengeance et de mort.

Ses journaux dont beaucoup d'amis provoquaient peut être ces barricades, ne parlent plus que comme des tigres, si les tigres parlaient...

Ils crient *malheur aux vaincus*, comme s'il voulaient qu'on tuât tous les Ouvriers !

Pour empêcher un massacre, le Dictateur est obligé de dire dans une proclamation (page 14), qu'il ne veut pas faire maudire son nom en souffrant que tous les vaincus soient autant de *victimes*.....

Mais on les assassine moralement en leur liant les mains derrière le dos, en les accablant d'outrages, en les faisant passer à travers un long cri de mort.....

On les entasse par milliers (jusqu'à 14,000) dans les caveaux et les souterrains de l'Hôtel-de-Ville, des Tuileries et du Luxembourg, de toutes les prisons, où ils restent plusieurs jours debout, sans pouvoir se coucher sur la paille ou sur la terre, serrés l'un contre l'autre sans pouvoir faire aucun mouvement, dans l'eau ou dans l'humidité, sans nourriture et presque sans air ou dans un air asphixiant, exposés au typhus, comme si on voulait les faire mourir par l'eau ou par la faim, ou par l'asphixie ou par la peste!.....

Et l'on n'entend partout que des cris *il faut les tuer ! tuez-les !*

Et l'on tire sur eux comme sur des chiens au moindre mouvement!...

On les livre aux Conseils de guerre, puis on décrète qu'ils seront transportés en masse à 3000 lieues sur l'Océan.

Et en attendant, c'est un bonheur pour eux d'être enfermés dans les bastilles que Louis-Philippe, Thiers et le *National* avaient fait préparer pour eux.

La terreur règne avec l'état de siége et la dictature de la baïonnette et du sabre.

Trois Légions de la Garde nationale sont licenciées et désarmées.

Dans les autres Légions, des Bataillons ou des Compagnies le sont également.

Dans les autres, on désarme tous les Gardes nationaux qui n'ont pas pris les armes contre l'Insurrection, tous ceux qui sont suspects.

La moitié de la Garde nationale, la partie populaire, est ainsi désarmée par la partie Bourgeoise ou Réactionnaire, ou par la Garde mobile, ou par les Soldats.

Ordinairement, on se hâte d'arrêter la violence ; on ferme les yeux pour ne pas apercevoir tous les coupables ; on trouve qu'on a toujours trop à punir ; on amnistie ou on laisse échapper les subalternes pour ne s'attacher qu'aux chefs ; mais ici , la Réaction n'écoute que la colère et la vengeance : elle se montre impitoyable , insatiable ; elle veut tout prendre et tout emprisonner, comme si elle voulait tout transporter ou tout exterminer (et qui peut affirmer qu'on ne fusillerait pas dans les prisons si l'on se trouvait menacé ? ); il semble qu'elle ne veuille pas en laisser échapper un seul et qu'elle n'en prendra jamais assez...... On traque les insurgés partout, dans les départemens même éloignés, comme à Paris ; tout étranger, tout inconnu, est arrêté comme n'étant qu'un insurgé fugitif..... On arrête pendant huit jours, pendant quinze jours, pendant plus d'un mois..... On fait des fournées de cent, de deux cents, de trois cents arrestations..... On arrête pour un mot, pour une opinion, sur un soupçon..... On démoralise le pays par un débordement de cruautés, de dénonciations, de délations..... Celui-ci est dénoncé et arrêté comme insurgé, celui-là comme Communiste.....

..... Les Communistes sont partout insultés, menacés, persécutés, proscrits, sous prétexte qu'ils seraient, eux les hommes de paix, les promoteurs et la cause de l'insurrection !.....

Et tous ces excès, tous ces abus, toutes ces violences, se commettent au nom de l'*ordre*, de la *modération*, d'une République *honnête* !...

Toutes ces fureurs sont déchaînées contre des Ouvriers égarés par la misère et la faim, qui demandent la République démocratique et sociale qu'on leur a promise, qui demandent du travail et du pain !...

Et l'on parle de *civilisation* !...

On nous fait un crime, à nous Icariens, de chercher une organisation sociale moins imparfaite, qui puisse prévenir à jamais de pareilles calamités !...

## CONTRE-RÉVOLUTION.

Comme la Réaction n'a pu réussir qu'en invoquant la République, en accusant les insurgés d'être des Carlistes ou des Bonapartistes , en lançant les Gardes mobiles et les soldats au cri de *Vive la République*, elle n'ose pas encore proclamer Henri V ou la Régence ; mais la Contre Révolution n'en est pas moins réelle.

Destruction de toutes les promesses du Gouvernement provisoire

faites au nom de la Révolution ; — état de siége et dictature militaire ;
— conseils de guerre; — transportation sans jugement ; — suspension
de la liberté individuelle ; — licenciement et désarmement de la Garde
nationale ; — désarmement des citoyens ; — dissolution des Ateliers
nationaux ; — suspension des clubs et des journaux ; — rétablissement
arbitraire du cautionnement ; — élections et lois organiques faites pendant l'état de siége ; — décret qui détruit le droit d'association, de réunion et de discussion ; — décret qui va détruire la liberté de la presse ;
— proclamations menteuses et calomnieuses qui dénoncent des classes
de citoyens au mépris et à la haine, à la persécution et à la proscription ;
— distinction entre les *vainqueurs* et les *vaincus;* — croix d'honneur
pour la guerre civile; — c'est bien là la Contre-Révolution, c'est comme
avant la Révolution, c'est même pire ! !.....

Des croix d'honneur pour avoir tué des Ouvriers, des Français, des
Frères!..... Mais c'est incroyable, inqualifiable!..... c'est du délire!.....

L'état de siége prolongé pendant tout le mois de juillet!..... On veut
peut-être en profiter pour faire la Constitution!..... Mais c'est ce qu'on
n'a jamais vu ! C'est ce que n'auraient jamais osé ni Napoléon ni Louis-
Philippe, ce que n'aurait jamais souffert la République!.... C'est le Despotisme et la Tyrannie!..... C'est le triomphe de la force brutale sur la
Raison et la Justice!... C'est un attentat à la Souveraineté nationale!...
C'est une honte pour la France, qui a fait tant de révolutions pour
conquérir la liberté et qui prétendait être le modèle et le guide des Na-
tions!.....

### FOLIE. REPRÉSAILLES. — LOI DU TALION.

Mais n'est-ce pas folie, démence, de la part de la Réaction ? Est-ce
qu'elle peut être sûre qu'il n'y aura plus de Révolutions en France? Est-
ce que la Politique n'est pas changeante comme les vents et les flots ?
Est-ce qu'on n'a jamais vu de Révolutions qu'on croyait impossibles ?
Est-ce que les vainqueurs ne se transforment jamais en vaincus et les
vaincus en vainqueurs ?...

Eh bien, Réactionnaires, si le Peuple, redevenu vainqueur, vous imi-
tait, appliquait vos leçons, faisait absolument comme vous, déclarait l'é-
tat de siége, nommait un Dictateur, désarmait, arrêtait, lançait des proclamations et des décrets....

Ah ! puisse-t-il ne jamais écouter la vengeance et suivre les mauvais
exemples ! Puisse-t-il se borner à organiser sa force pour consolider sa
victoire, son salut et ses droits, sans cesser d'être modéré, humain, généreux et juste...

Mais, s'il s'élevait de nouveau quelque violente tempête, quelle voix serait assez forte pour se faire entendre ? Quelle sagesse serait assez puissante pour faire adopter ses exhortations et ses conseils ?

Et si la tempête déchaînée par la Réaction emportait la Réaction elle-même, à qui serait la faute ?

Et cette tempête ne peut-elle pas être amenée par la misère ?

## MISÈRE.

La Réaction crie partout que c'est la République qui produit la Misère et que la Monarchie ramènerait bientôt les capitaux et l'abondance : mais c'est un mensonge, une calomnie !

La Misère a pour cause le développement de l'industrie dans le monde entier depuis trente à quarante ans, et par suite la diminution toujours croissante du travail et du salaire.

Elle a pour cause aussi la mauvaise organisation Sociale.

Elle est générale en Europe.

Elle a été l'une des principales causes de la Révolution de février.

Au lieu d'être l'effet de la République, elle en a été la cause.

La République en aurait été le remède si elle avait été bien conduite, si elle avait été une vraie République, une République démocratique et sociale.

Si la misère n'a pas disparu, c'est la faute du Gouvernement provisoire et de la Réaction.

La victoire de la Réaction l'a beaucoup augmentée par les fusillades, par la canonnade, par le bombardement, par la tuerie, par les arrestations, par la dissolution des Ateliers nationaux, par l'état de siége, etc.

Que de veuves et d'orphelins ! Que d'ouvriers et de petits boutiquiers ruinés ! Que de locataires dans l'impossibilité de payer leurs loyers, et que de propriétaires dans l'impossibilité de payer leurs impôts ! Que d'ouvriers quittent leurs quartiers pour fuir les dénonciations ! Que de riches fuient Paris et ses dangers ! Que de Provinciaux en retirent leurs enfans ! Que de boutiques, de magasins, d'ateliers, fermés ou qui vont se fermer tous les jours !

Nous le prédisons depuis plusieurs années, et notre prédiction ne se réalise que trop, il n'y aura bientôt pas une maison de commerce ou d'industrie qui ne succombe sous la misère générale.

Il n'y aura bientôt peut-être pas un jeune homme de science ou d'art, pas un ouvrier de l'intelligence ou des bras, qui ne soit réduit à s'écrier : « Mourir en combattant, puisqu'on ne peut plus vivre en travaillant ! »

Mais le remède ?

# LE REMÈDE?

Le grand mal, le mal principal, il ne faut pas se le dissimuler. c'est la Misère.

C'est donc la Misère qu'il faut faire disparaître.

Mais comment faire disparaître la Misère?

Ce n'est ni l'Henriquinquisme, ni le Bonapartisme, ni la Régence, ni une République bourgeoise ou châtrée, ni surtout l'invasion étrangère, qui pourra ramener l'oubli du passé, la concorde, l'union, la fraternité, la confiance, le crédit, le travail, l'abondance et la satisfaction générale ; et la chose est trop manifeste pour qu'il faille la démontrer.

Il faut s'arrêter dans la funeste voie de la Réaction, même revenir sur ses pas, accepter franchement la Révolution et la République démocratique et sociale, et commencer par une AMNISTIE générale et sans exception.

Il faut dissoudre l'Assemblée, après avoir établi pour un temps suffisant un Directeur ou une Dictature qui puisse obtenir la confiance universelle, et qui s'occuperait principalement à reconcilier les Partis, à ranimer le travail et à assurer toutes les existences.

Il faut réorganiser impartialement la Garde nationale, appeler une nouvelle Assemblée constituante qui puisse représenter véritablement la Nation...

Il faut..... Mais c'est un rêve nous crie-t-on !... C'est impossible !... La Réaction n'y consentira jamais !... Dans ses habitudes de vanité, d'orgueil, de suprématie, de commandement et de privilége, elle ne peut supporter ni Égalité, ni Fraternité !... Elle veut marcher en avant, consommer la contre-révolution, brider, baillonner, garotter le Peuple bien plus qu'auparavant, et perpétuer pour lui l'état de siége, préférant le despotisme et les Cosaques ou les Bédouins à la Démocratie !...

Eh bien alors, nous avons l'âme navrée, déchirée, désespérée.... Nous n'apercevons dans l'avenir que divisions, haînes, désirs de vengeance, ruines, guerres, invasions peut-être, insurrections et révolutions.... Quel hiver pour le pauvre prolétaire... ! Avant deux mois peut-être la banqueroute sera générale ; car personne ne recevant, personne ne pourra payer ; l'industrie va se désorganiser, se rouiller et se perdre ; le commerce extérieur va se déplacer et s'anéantir....

Oui, nous marchons à une dissolution de la Société, à un cataclysme social...

Et nous le répétons, nous en sommes navré, dans l'intérêt de la Bourgeoisie comme dans l'intérêt du Peuple, parce que, quoique nous intéressant davantage au Peuple, qui se trouve actuellement plus malheureux, nous nous intéressons bien vivement aussi aux autres classes, dans lesquelles nous avons pris l'habitude de ne voir que des Français, des hommes et des frères, dont tous les égaremens, toutes les passions, tous les vices, tous les excès, sont, comme ceux du Peuple, le résultat de l'Organisation sociale.

Nous sommes tous presque également victimes de la confusion, des malentendus, d'une sorte de vertige !

Et la Bourgeoisie est peut-être plus menacée que le Peuple ; car le Peuple est plus nombreux et plus fort ; on a beau massacrer des Ouvriers, on ne tue pas le Peuple ; et les Travailleurs sont bien autrement habitués et endurcis aux privations et aux souffrances que la Bourgeoisie et l'Aristocratie.....

Quelque peu d'espérance que nous puissions avoir de faire écouter nos vœux, nous ne cesserons donc pas de répéter au nom du salut de tous : Amnistie, Amnistie, Réconciliation et Fraternité !

Paris, le 25 octobre 1848.

CABET.

# PRINCIPAUX OUVRAGES DE M. CABET.

RÉVOLUTION FRANÇAISE (Histoire populaire de la), de 1789 à
1848, 2ᵉ édition, avec gravures, 6 vol., 25 fr., ou sans gravures, 5 vol., 20 fr.

## DOCTRINE ICARIENNE.

| | |
|---|---|
| VOYAGE EN ICARIE, 5ᵉ édition, 1 vol................. | 3 fr. |
| LE MÊME en allemand................. | 4 fr. |
| VRAI CHRISTIANISME, 2ᵉ édition, 1 vol................. | 2 fr. 50 c. |
| COMMENT JE SUIS COMMUNISTE.<br>CREDO COMMUNISTE................. | 20 c. |
| DOUZE LETTRES sur la Communauté................. | 1 fr. 50 c. |
| MA LIGNE DROITE................. | 60 c. |
| GUIDE DU CITOYEN.<br>PROPAGANDE COMMUNISTE. | épuisé, 30 c. |
| ÉTAT DE LA QUESTION SOCIALE................. | épuisé, 25 c. |
| SALUT OU RUINE................. | 40 c. |
| CATACLYSME SOCIAL................. | 20 c. |
| L'ESCLAVAGE DU RICHE................. | épuisé, 30 c. |
| LA FEMME................. | 10 c. |
| L'OUVRIER................. | 15 c. |
| LE VILLAGEOIS................. | 30 c. |
| BIOGRAPHIE DE CABET................. | 10 c. |
| CABET A CEUX QUI LE MENACENT D'ASSASSINAT. | 10 c. |
| BOMBARDEMENT DE BARCELONE................. | 50 c. |
| PETITS DIALOGUES POPULAIRES................. | 5 c. |
| A BAS LES COMMUNISTES................. | 5 c. |
| BIEN ET MAL................. | 15 c. |
| RÉALISATION de la Communauté d'Icarie au Texas, huit livraisons à 50 c................. | 4 fr. |
| LE COMMUNISME................. | 15 c. |
| ALMANACH ICARIEN, depuis 1844, chaque année................. | 50 c. |
| SUPPLÉMENT à l'Amanach de 1848, sur le Texas................. | 50 c. |
| ONZE DISCOURS de M. Cabet à la Société Fraternelle................. | 1 fr. |
| COLLECTION DU POPULAIRE. | |
| RÉFUTATION de l'*Hmanitaire*................. | 10 c. |
| — de l'*Atelier*................. | 30 c. |
| — de l'abbé *Constant*................. | 30 c. |
| TOUTE LA VÉRITÉ AU PEUPLE................. | épuisé, 30 c. |
| LES MASQUES ARRACHÉS................. | épuisé, 50 c. |
| LE GANT jeté au Communisme................. | 25 c. |
| EAU SUR FEU................. | épuisé, 30 c. |
| LE DÉMOCRATE devenu Communiste malgré lui................. | 20 c. |
| INCONSÉQUENCES DE LAMENNAIS................. | épuisé, 30 c. |
| LE VOILE SOULEVÉ sur le procès de Tours................. | 25 c. |

PRINCIPAUX OUVRAGES DE M. CABET.
(Voyez la page précédente.)

# RÉVOLUTION FRANÇAISE

DE 1789 A 1848.

# VOYAGE EN ICARIE.

# LE VRAI CHRISTIANISME.

# DOUZE LETTRES SUR LA COMMUNAUTÉ.

# SALUT ou RUINE.

# BIEN et MAL.

(Sur la Révolution du 24 Février.)

# RÉALISATION

DE LA COMMUNAUTÉ D'ICARIE.

# ALMANACH ICARIEN,

DE 1844, 1845, 1846, 1847 ET 1848.

# LE POPULAIRE (Journal).

Typographie et lithographie FÉLIX MALTESTE et C°, rue des Deux-Portes-Saint-Sauveur 18.